集郵達人來開課
從郵票認識英國鐵路機關車

王華南／著

PREFACE

推薦序
共創鐵道的幸福天空

英國於18世紀後期開創第一次工業革命，以煤炭為能源、蒸汽機為動力，發明了以蒸汽機推動的運具，在陸地為蒸汽火車，在水域為輪船、戰艦，自此於19世紀英國也因而以海權稱霸世界。此段故事值得引介。

身為土木文化史紀錄者，我於2009年拍攝《看見華山車站──尋找鐵道迷的幸福天空》（http://www.youtube.com/watch?v=KsjJUYvpSgM）紀錄片時，經李昇達先生推薦，紀錄了臺灣文化關懷者王華南先生童年的華山場站回憶與華山鐵道博物館保存構思，期間深受其優雅所感動。

近日我甫完成了中興工程科技研究發展基金會所委託《認識鐵路──鐵路工程與發展》的12章書稿後，更覺得急需加強對鐵道歷史的引介。而今華南兄繼2008年《鐵路模型》後，編撰了《從郵票認識英國鐵路機關車》，描述英國鐵道文明場域的生成、傳承與演化，提供讀者對英國鐵道發展脈絡──優雅性整體性的認識，故樂於推薦。

臺北市政府捷運工程局簡派正工程司 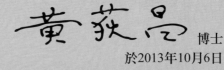 博士
於2013年10月6日

推薦序
鐵道迷的珍藏好書

　　曾於2008年出《鐵路的迷你世界：鐵路模型》趣味著作、並深獲好評的王華南老師，今年又榮獲秀威資訊的協助出版本書，係目前台灣少見有關鐵路趣聞資訊的專業性佳作。王華南老師在集郵方面有40多年之豐富經驗，亦獲得國內外郵展大獎等肯定，於鐵道模型界亦為一位先進，收藏頗為豐富，對許多知名列車有獨到的見解與研究。

　　從本書可明確了解英國鐵道發展史，深入淺出的圖文介紹多來自於王老師珍藏之郵票、圖片及其他珍貴資料，相信各位讀者可藉由生動的圖文來了解、欣賞英國鐵路的各種著名機關車和特快列車，對鐵道迷來說更是一本不可多得的珍藏好書。

　　今年恰逢「野鴨」（MALLARD）號蒸汽機關車在1938年7月3日創下蒸汽機關車最快速的世界記錄──時速高達126英里（203公里）的75周年紀念，本書對於此段歷史有詳細的介紹，逢此特別紀念周年出版，相得益彰，因而更具有收藏價值，本人身為「鐵路模型」同好，在此推薦給諸位鐵道迷。

阿立圓山站站長　林恒立
於2013年8月25日
阿立圓山站網址：www.mjmodelrailroad.com

PREFACE

自序

　　筆者自從金融界退休後，一些鐵道模型同好知道筆者勤於寫作，建議筆者寫一些有關「鐵路車輛」的書籍順便介紹筆者的收藏品。於是筆者下定決心將多年來的研究心得和收藏的郵票、圖片等資料做有系統的整理後分享諸位讀者、鐵道迷朋友，第一本先從鐵路的創始起源國——英國開始。

　　2012年仲夏，承蒙大兒子相勛之好友介紹，作者深感榮幸，認識了「秀威」出版部責任編輯鄭小姐，經評估後，由文編、美編人員精心設計安排，終於能成書付梓，作者在此謹向所有參與諸位以及為序推薦者致最誠摯謝意。

　　本書分成兩大篇：

第一篇　簡介鐵路的進展期。

第二篇　依進展期分成五章介紹英國著名的機關車和特快列車、高速列車。

　　第一章、鐵路探索發明時代，最著名的機關車如：

　　▲1803年製造的世界上第一輛蒸汽機關車——「崔韋席克」。

　　▲1825年由「喬治・史提芬生」製造的「機關一號」——世界上第一次公開載客及第一條固定營運的鐵道。

　　▲1829年由「史提芬生父子」製造的「火箭」號蒸汽機關車和「利物浦與曼徹斯特鐵道」。

　　第二章，鐵路開拓發展時代之一。

第三章，鐵路開拓發展時代之二。

第四章，鐵路機關車競賽時代。

最著名的快速列車如：

▲「飛快的蘇格蘭人」號特快列車。

▲「金箭號」豪華特快列車。

▲「野鴨」號在1938年7月3日創下蒸汽機關車最快速的世界記錄——時速高達126英里（203公里）。

第五章，高速鐵路時代包括主要的四種型式：

1.高速柴油發電動力機關車。

2.英國的「都市間」（Inter City）高速列車。

3.柴油電動高速列車組。

4.電力轉動高速列車組。

對於每款機關車和列車介紹各項基本資料、趣聞、創下最快速記錄等重大事件，並附相關郵票、圖片和照片，以提高閱讀興趣，誠盼讀者能對鐵路的發展有明確的基本認識。

王華南　於2013年8月26日

STAMP COLLECTING

CHAPTER 5　高速鐵路時代

STAMP
COLLECTING

PART *1*

鐵路的進展期

· 「編號4771綠箭號」蒸汽機關車、紅棕色塗裝的「編號6229哈密屯女公爵號」蒸汽機關車、青色塗裝的「編號4468野鴨號」蒸汽機關車保存於約克的國家鐵道博物館。（照片是林恆立老師在2012年2月12日拍攝。）

鐵路的進展過程依照科技發展順序可分為：

（1）鐵路探索發明時代

公元1803年，英國人李察・崔韋席克（RICHARD TREVITHICK）
首先利用蒸汽機的原理，將大型齒輪和汽缸組裝起來，製成世界第
一輛蒸汽機關車之後，直到公元1829年，史提芬生父子所製造的
「火箭」（ROCKET）號奪得英國的利物浦與曼徹斯特鐵道公司在
雨丘（RAINHILL）附近舉行競賽的錦標，從此以後鐵路的列車就
逐漸成為路上的主要交通工具。

1803年至1829年將近三十年的期間稱為鐵路探索發明時代。

（2）鐵路開拓發展時代

到了1830年代，歐洲大陸各國開始自英國引進蒸汽機關車，最初是
授權製造，後來自行研究發展，直到十九世紀末歐美各國已有完整
的鐵路網。1830年至1900年的七十年期間稱為鐵路開拓發展時代。

（3）鐵路機關車競賽時代

進入二十世紀，大眾化的汽車也出現了，鐵路已經不再是陸運的獨占者，尤其在短距離內，就方便性而言，火車不是汽車的對手。面對日增的威脅，各國鐵路當局要求製造廠設計新型蒸汽機關車，於是將蒸汽機關車的動輪直徑加大，提升蒸汽機的運轉效能，提高速度，比汽車跑的更快、更遠，在長途客運方面總算穩住客源，由於牽引力增大，可以將大量貨物運到更遠的地方。機關車的動力方式除了以燃燒煤炭產生蒸汽之外，1930年代已有性能不錯的柴油發動和電力發動機關車出現，英、德、法等國則相繼比賽機關車的速度，並且推出豪華客運列車吸引上階層旅客，以「東方快車」（ORIENT EXPRESS）最有名氣。1901年直到1945年第二次世界大戰結束的四十五年期間稱為機關車競賽時代。

（4）鐵路大轉型時代

第二次世界大戰結束後，鐵路運輸遭遇民航機科技快速發展的嚴重威脅，歐洲轉向多國合作聯營的「TEE」（TRANS-EUROP-EXPRESS，穿梭歐洲快車）系統發展。美國鐵路公司只好轉向和越洋船運業者共同發展革命性的貨櫃運輸，1970年代以後的美國鐵路公司全力經營橫越大陸的長途貨運，所謂危機變轉機。戰後的三十年期間成為鐵路的大轉型時代，亦稱為起死回生期。

（5）高速鐵路時代

1960年代的嚴厲教訓，使得各國鐵路業者終於體會到若不再做研發改進，立即遭遇更嚴厲的挑戰。日本國鐵可以稱得上先知先覺，早在1950年代就規劃高速鐵路，就是現在的新幹線，1964年10月1日配合東京奧運會開幕，東京到大阪的東海道新幹線正式通車，時速高達210公里，成為全世界速度最快的電力列車。歐洲各國鐵路見賢思齊，英國在1975年推出高速列車（HIGH-SPEED TRAIN簡稱HST）最高時速200公里，法國在1982年推出TGV（即法文高速列車TRAIN À GRANDE VITESSE之簡寫）最高時速300公里，德國在1991年推出ICE（城市間快車INTER-CITY EXPRESS之簡稱）最高時速280公里。到了1990年代美國政府終於承認高速鐵路時代已經來臨，美國比日本落後了三十年，於是先在東北部工商業最發達的地帶：波士頓經紐約、費城到華盛頓之間規劃，2000年12月11日利用此區段的鐵路推出高速列車稱為ACELA EXPRESS（ACELA係從ACCELERATE演變而來，表示「加速」之意），最高時速240公里。

德國鐵路車輛模型製造商則以年代區分為：

（1）第一代：1835年至1920年製造的鐵路車輛

自1835年德國的第一輛蒸汽機關車「鷹號」，至第一次世界大戰結束。（1919年6月28日戰敗的德國政府同意簽訂凡爾賽和約，1920年1月20日得到國際聯盟的認可。）

（2）第二代：1920年至1945年製造的鐵路車輛

自第一次世界大戰結束，至第二次世界大戰結束。

（3）第三代：1945年至1968年製造的鐵路車輛

自第二次世界大戰結束，至1968年美國各鐵路公司為避免過度競爭而進行合併。

（4）第四代：1968年至1985年製造的鐵路車輛

1968年西德聯邦鐵道（Deutsche Bundesbahn）將車輛系列編號改用國際鐵路聯盟（法文全名Union Internationale des Chemins de fer，簡稱UIC，1922年12月1日成立於法國巴黎，總部也設在巴黎，歐洲的鐵路系統標準主要由此聯盟制定，稱為國際鐵路規格）標準代號，1985年德國的高速鐵路列車——都市間快速實驗列車（Inter City Experimental）試車成功。

（5）第五代：1985年至目前製造的鐵路車輛

自1985年起，歐洲鐵路進入高速鐵路時代。●

英
國

CHAPTER 1
鐵路探索發明時代

1. 瓦特發明新式蒸汽機引導蒸汽機關車的發明

英國在2009年3月10日發行一組「工業革命先行者」
（PIONEERS OF THE INDUSTRIAL REVOLUTION）郵票，共
八款、售價4.28英鎊。工業革命改變了人類的生活、工作常規以
及無數的景觀，本套特別發行的宗旨就是對有眼光、知識以及促
使工業革命發生的創新者致崇高敬意。兩百五十年前，一些創新
的科技和傑出的個人一起將英國推展到工業革命的前緣。英國被
永遠地改變，人們從鄉村移入城鎮尋找在工廠工作。

工業革命的本質就是以機器取代人力，以大規模工廠化生產取代
個體工場手工生產的一場生產與科技革命。由於機器的發明和運
用成為了這個時代的標誌，因此歷史學家將這個時代稱為「機器
時代」（THE AGE OF MACHINES）。

本組郵票紀念的「工業革命先行者」不僅只是發明機器，他們也
興建了道路、鐵道和運河的基礎結構，使得原料被送到工廠，製
成品被運到市場，也為今日的大眾運輸系統鋪設基礎。

瓦特在原有的紐科門蒸汽機（NEWCOMEN STEAM ENGINE）性能和結構上加以改良而發明新式蒸汽機，它被廣泛地應用在工廠成為幾乎所有機器的動力，改變了以往的生產方式，推動了技術進步並展開了工業革命的序幕。它使得工廠的位置不必再侷限於煤礦場附近，可以建立在更經濟、更有效率的地點，促進規模化經濟的發展，大幅提高了生產的產能，同時也提升商業投資的獲益率。新式蒸汽機提供一系列精密加工的革新可能，更精進的工藝促使各種機器包括蒸汽機本身的性能提高。經過不斷的改進，蒸汽機能引入更高氣壓的蒸汽，提升運轉效能，終於使得蒸汽機關車、蒸汽輪船很快相繼問世，引發運輸界一連串的大創新。

為紀念瓦特的貢獻，國際單位制中的功率單位以「瓦特」來命名。

史提芬生是世界上最著名的鐵路技師和工程師，他發明凸緣鋼輪（FLANGED WHEELS）和開創了鐵道的標準軌距（STANDARD GAUGE 1,435 MM），改良鑄鐵的品質以確保鐵軌不會斷裂，最著名的兩項成就是：

第一，1825年9月史提芬生完成製造「機關一號」（原名ACTIVE後來改名LOCOMOTION 1）蒸汽機關車，它的最大改進就是首先採用連結桿驅動車輪取代之前的齒輪驅動，使得產生的動力更有效率，提升行車速度。1825年9月27日舉行鐵道通車儀式，由史提芬生親自操控「機關一號」首次公開運轉於史托克屯和大令屯鐵道（STOCKTON & DARLINGTON RAILWAY），成為世界上第一次公開載客及第一條固定營運的鐵道，也是近代鐵路運輸史的開端。

第二，1830年9月15日利物浦和曼徹斯特鐵道（LIVERPOOL & MANCHESTER RAILWAY）舉行正式開始營運通車典禮，由史提芬生和年輕的司機「愛德華・因特為瑟」操控史提芬生父子製造的「火箭」（ROCKET）號蒸汽機關車牽引旅客列車自出發利物浦，從此以後鐵路的列車就逐漸成為陸上的主要交通工具。

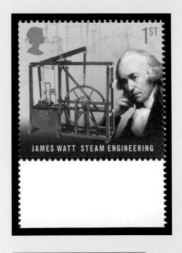

・面值第一級郵資（相當於36便士）的圖案主題是紀念詹姆士・瓦特（James Watt，1736～1819年）和蒸汽發動機（1st Class-James Watt-Steam Engineering），圖案右邊是凝汽發動機（condensing engine）。

・面值56便士的圖案主題是紀念「喬治・史提芬生和鐵道」（56p-George Stephenson-Railways），圖案右邊是「機關一號」（Locomotion 1）蒸汽機關車模型。

2. 1803年「崔韋席克」：世界上第一輛蒸汽機關車

位於英國西南部威爾斯（WALES）的默賽·提得菲爾（MERTHYR TYDFIL）是個煉鐵業繁榮的市鎮，在公元1802年，當地幾間製鐵廠合資興建了一條通到阿伯賽農（ABERCYNON）用馬拉貨車的鐵路。公元1803年，英國人里察·崔韋席克（RICHARD TREVITHICK，1771～1833，是一位發明家和技師）受雇於陪奈大連（PEN-Y-DARREN）製鐵廠製造蒸汽機，崔韋席克向製鐵廠所有者洪福來（SAMUEL HOMFRAY）提議利用蒸汽機的原理，將大型齒輪和汽缸組裝起來，製成蒸汽機關車來代替馬匹。崔韋席克得到洪福來的贊助終於造出世界上第一輛可以牽引車輛的蒸汽機關車，車軸採0-4-0配置方式，即無前導輪、4個驅動輪、無從輪，驅動輪直徑1.092公尺，裝置1個汽缸，在1804年2月21日首次正式運行於默賽·提得菲爾至阿伯賽農的鐵路，距離14.5公里，蒸汽機關車牽引五輛車，載了70名乘客和10噸的鐵，時速約8公里。出發後不久，因為蒸汽機關車的煙囪碰到一座低橋而破損，就在當場修理後繼續前進，總共用了4小時又5分。洪福來在正式運轉前曾和當地一位製鐵廠業者克勞謝（RICHARD CRAWSHAY）以500個金幣（GUINEAS當時英國貨幣名稱，原來等值於1英鎊）打賭崔韋席克製造的蒸汽機關車可以牽引十噸的鐵，當然洪福來贏了賭金十

分高興。但是當時還不能大量煉鋼，所以鐵軌是用鑄鐵造成，原本設計僅能承受以馬牽引貨車，而無法承受蒸汽機關車的重量而導致鐵軌裂損，洪福來只好將蒸汽機拆下運回製鐵廠作為驅動敲錘的動力。

有關崔韋席克的試車成功消息傳遍了威爾斯區，一位靠近新堡（NEWCASTLE）的煤礦業主布拉吉（CHRISTOPHER BLACKETT）請崔韋席克再製造一輛蒸汽機關車，據資料記載曾造了第二輛，但是沒有運轉成功或其他記錄。

‧位於南美洲內陸的巴拉圭（PARAGUAY）在1972年1月6日發行一組機關車歷史專題郵票，其中面值Gs 0.10的圖案主題是里察‧崔韋席克製造的世界第一輛蒸汽機關車在1804年公開試車。

‧波蘭（POLSKA）在1976年2月13日發行一組機關車歷史專題郵票，其中面值50 GR（波蘭貨幣：100 GROSZY＝1 ZŁOTY）的圖案右上是李察‧崔韋席克肖像，主題是里察‧崔韋席克在1803年製造的世界第一輛蒸汽機關車。

· 保 加 利 亞 人 民 共 和 國 （ Ｈ Ｐ
　 Б Ъ Л Г А Р И Я，保加利亞語屬斯拉夫
　語系，使用與俄文相同的Cyrillic字體）在
　1983年10月20日發行一組具有歷史性的蒸
　汽機關車專題郵票，其中面值5 CT分的圖
　案主題是里察‧崔韋席克在1803年製造的
　世界第一輛蒸汽機關車。

· 位於西藏南方的不丹（Bhutan）在1988
　年3月31日發行一組「交通工具的發
　明」專題郵票，其中面值10 NU的圖案
　主題是里察‧崔韋席克製造的世界第一
　輛蒸汽機關車在1804年公開試車，右下
　印一段英文「First Railroad Locomotive
　To Run」即「第一輛運行的鐵路機關
　車」之意。

· 位於加勒比海的聖文森（ST. VINCENT）在1984年
　7月27日發行一組世界領先者（LEADERS OF THE
　WORLD）機關車專題郵票，其中面值1元的圖案主題
　是里察‧崔韋席克製造的世界第一輛蒸汽機關車在1804
　年公開試車，分成上下各一枚相連，上一枚是「陪奈大
　連」號（PENYDARREN）的左側及正面圖，下一枚是
　「陪奈大連」號在運轉前添加煤炭的情景。

· 位於東南亞的柬埔寨王國（法文國名ROYAUME
DU CAMBODGE）在1995年行一組世界早期著
名的鐵路機關車專題郵票，其中面值100R的圖
案主題是崔韋席克製造的世界第一輛蒸汽機關車
在運轉前進時有一位司機在最前端操控。

· 位於東南亞的寮國（LAO）
在1988年為紀念在愛森
（ESSEN，位於德國西部的工
業大都市，曾經是德國最重要的
煤鋼產業中心）舉行的國際郵展
而發行一組世界早期著名的鐵路
機關車專題郵票，其中面值25K
的圖案主題是崔韋席克製造的世
界第一輛蒸汽機關車。

· 位於東非的索馬利共和國（SOMALI REPUBLIC）在1995年發行一款列車專題小全
張，內含一枚面值1000 SH.SO.的郵票，圖案主題是崔韋席克在1804年製造的世界
第一輛蒸汽機關車，小全張的襯底圖案是日本的最高峰—富士山、下方是東海道新
幹線的子彈列車（TOKAIDO LINE'S BULLET TRAINS）正以快速經過鐵道橋樑。

3. 1808年「誰能抓住我」：世界上第一輛公開收費表演的鐵路蒸汽機關車

公元1808年崔韋席克為了讓一般民眾了解和體驗新發明的科技產物，於是製造了第三輛蒸汽機關車取名「誰能抓住我」（CATCH ME WHO CAN），在托靈通廣場（TORRINGTON SQUARE，靠近現在倫敦的尤司屯車站 EUSTON STATION）築了一圈鐵軌，圓圈的直徑約30公尺，讓「誰能抓住我」牽引一輛載客車在上面運轉，時速約20公里，每位乘客收費1西令（SHILLING，當時英國貨幣名稱，20西令等於1英鎊），由於當時民風保守加上鐵軌的材質不夠強韌，因此乘客坐起來不舒適，所以無法吸引民眾，對於反應不佳，崔韋席克覺得非常失望，以後就不再製造蒸汽機關車。

‧位於印度洋的馬爾地夫（MALDIVES）在1989年12月26日發行一組鐵路偉大先行者專題郵票，其中面值Rf 6的圖案主題是里察‧崔韋席克肖像和1808年里察‧崔韋席克製造的第三輛蒸汽機關車「誰能抓住我」在圓圈形軌道上運轉。圖案下方印一段英文：「RICHARD TREVITHICK, BUILT THE FIRST LOCOMOTIVE TO RUN ON RAILS. 1804」，即：「1804年里察‧崔韋席克造了第一輛在鐵軌上奔馳的機關車」之意。

· 位於加勒比海的聖文森附屬地
　（GRENADINES OF ST. VINCENT）
　在1984年10月9日發行一組世界領先
　者（LEADERS OF THE WORLD）
　機關車專題郵票，其中面值20分的圖
　案主題是1808年里寮‧崔韋席克製造
　的第三輛蒸汽機關車「誰能抓住我」
　牽引一輛載客車在圓圈形軌道上運
　轉，左邊是入口處的收費亭。

· 位於中東的薩雅邦及附屬地
　（SHARJAH & DEPENDENCIES，
　現今成為聯合阿拉伯大公國之一邦）
　在1971年發行一組機關車專題郵票，
　其中面值1 DH的圖案主題是1808年里
　察‧崔韋席克製造的第三輛蒸汽機關
　車「誰能抓住我」牽引一輛載客車在
　圓圈形軌道上運轉。

4. 1810年「馬修・慕雷」製造的外齒輪式蒸汽機關車：世界上第一輛做商務持久運轉成功的蒸汽機關車

英國礦業技師和發明家約翰・布連巾所普（John Blenkinsop，1783～1831）設計一種外齒輪式的蒸汽機關車，利用蒸汽推動齒輪前進，由蒸汽機和機械工具製造者馬修・慕雷（Mathew Murray，1765～1826年）製造，車軸採0-4-0配置方式，即無前導輪、4個驅動輪、無從輪，驅動輪直徑1.016公尺，裝置2個汽缸。第一輛取名「攝政親王」號（Prince Regent），1812年6月24日首次公開運轉於英格蘭的米道爾通礦區（Middleton Colliery）至里茲（Leeds）的米道爾通鐵道（Middleton Railway），一直使用到1834年，因而成為世界上第一輛商務持久運轉成功的蒸汽機關車。接著又造了三輛分別是1812年8月12日首次正式公開運轉的「莎拉曼加」號（The Salamanca，紀念1812年7月22日威靈頓Wellington將軍率領英國的軍隊在西班牙的「莎拉曼加」擊敗馬蒙Auguste Marmont元帥率領的法國軍隊）、1813年8月4日交付的「威靈頓爵士」號（Lord Wellington）和1814年11月23日交付的「威靈頓侯爵」號（Marquis Wellington），則在附近礦區的鐵道上運轉。

· 位於意大利中部的聖瑪利諾共和國
（SAN MARINO）在1964年8月29
日發行一組早期蒸汽機關車專題郵
票，其中面值1里拉的圖案主題是
1812年由慕雷製造、布連巾所普設計
（MURRAY-BLENKINSOP）的外齒
輪式蒸汽機關車。

· 位於南美洲內陸的巴拉圭在1972
年1月6日發行一組機關車歷史專
題郵票，其中面值Gs 0.15的圖
案主題是1812年由布連巾所普設
計的外齒輪式蒸汽機關車。

· 波蘭（POLSKA）在1976年2月13日
發行一組機關車歷史專題郵票，其中
面值1 Zł的圖案中上是馬修·慕雷肖
像，主題是1810年由馬修·慕雷開始
製造的外齒輪式蒸汽機關車牽引一節
客車。

· 保加利亞人民共和國在1983年
10月20日發行一組具有歷史性
的蒸汽機關車專題郵票，其中
面值13 CT分的圖案主題是由
1810年馬修·慕雷製造的外齒
輪式蒸汽機關車。

· 位於加勒比海的聖文森附屬地的聯合島
（UNION ISLAND-GRENADINES OF
ST. VINCENT）在1984年8月9日發行
一組世界領先者（LEADERS OF THE
WORLD）機關車專題郵票，其中面值
60分的圖案主題是1812年公開運轉成功
的「攝政親王」號外齒輪式（PRINCE
REGENT COG）蒸汽機關車，分成上
下各一枚相連，上一枚是「攝政親王」
號的左側及正面圖，下一枚是「攝政親
王」號牽引載運煤炭車（通稱為煤斗
車）前進的情景。

· 位 於 位 於 印 度 洋 的 馬 爾 地 夫
（MALDIVES）在1989年12月26日
發行一組鐵路偉大先行者專題郵票，
其中面值25L的圖案主題是馬修·慕
雷肖像和馬修·慕雷製造的「攝政親
王」號蒸汽機關車。圖案下方印一段
英文：「MATTHEW MURRAY, BUILT
THE RACK LOCOMOTIVES FOR THE
MIDDLETON COLLIERY」，即：「馬
修·慕雷為米道爾通礦場造了凸齒輪式蒸
汽機關車」之意。

5. 1813年「冒煙的比利」號：世界上到目前保存最久的機關車

公元1813年，英國技師威廉·赫得雷（WILLIAM HEDLEY，1773～1843）設計一款新式的蒸汽機關車改採內齒輪式帶動鋼輪前進，由礦場的發動機製造師傅有拿珊·福斯特（ENGINEWRIGHT JONATHAN FORSTER）和提摩西·哈克沃斯（TIMOTHY HACKWORTH，1786～1850）為威南礦場（WYLAM COLLIERY）業主克里斯托福·布拉吉（CHRISTOPHER BLACKETT）製成了「冒煙的比利」（PUFFING BILLY）號蒸汽機關車增加速度及牽引力，車軸採0-4-0配置方式，即無前導輪、4個驅動輪、無從輪，驅動輪直徑0.991公尺，裝置2個汽缸。

「冒煙的比利」本身重8噸可以時速8公里牽引50噸的列車，在礦區鐵道上運轉了48年，1862年被借到倫敦的專利署博物館（PATENT OFFICE MUSEUM科學博物館，SCIENCE MUSEUM的前身）展示，三年後車主布拉吉同意以200英鎊賣給博物館。「冒煙的比利」從此以後就在館內固定展示，因而得到一項殊榮——世界上已保存最久的機關車。

· 保加利亞人民共和國在1983年10月20日發行一組具有歷史性的蒸汽機關車專題郵票，其中面值42 CT分的圖案主題是1812年威廉·赫得雷等人製造的「冒煙的比利」號蒸汽機關車，1813年公開運轉。

36

・聖瑪利諾共和國（SAN
MARINO）在1964年8月29日
發行一組早期蒸汽機關車專題
郵票，其中面值2里拉的圖案主
題是1813年製造的「冒煙的比
利」號內齒輪式蒸汽機關車。

・位於西非的貝南共和國（法文國名
REPUBLIQUE DU BENIN）在1997年發行
一組世界早期著名機關車專題郵票，其中面
值135 F法郎的圖案主題是1813年公開運轉
成功的「冒煙的比利」（Puffing Billy）號
內齒輪式蒸汽機關車。

・位於加勒比海的聖文森附屬地的聯合島
（UNION ISLAND-GRENADINES OF ST.
VINCENT）在1984年8月9日發行一組世界領
先者（LEADERS OF THE WORLD）機關車
專題郵票，其中面值5分的圖案主題是1813年
公開運轉成功的「冒煙的比利」號內齒輪式蒸
汽機關車，分成上下各一枚相連，上一枚是
「冒煙的比利」號的左側及正面圖，下一枚是
「冒煙的比利」號陳列於科學博物館的情景。

・位於非洲的札伊（ZAIRE，1997年5月改回舊
名剛果民主共和國Democratic Republic of the
Congo）在1980年1月14日發行一組世界著名
機關車專題郵票，其中面值50 S的圖案主題是
1813年公開運轉成功的「冒煙的比利」號內齒
輪式蒸汽機關車。

6. 1825年「喬治・史提芬生」製造的「機關一號」蒸汽機關車和「史托克屯和大令屯鐵道」（世界上第一次公開載客及第一條固定營運的鐵道）

喬治・史提芬生（GEORGE STEPHENSON）在1781年6月9日出生於英格蘭東北部泰恩河畔的新堡（NEWCASTLE UPON TYNE）西方約15公里威南（WYLAM）礦區的村子，父親是礦場的司爐。1802年他成為礦場蒸汽機操作員，之後經過十年從操作蒸汽機得到許多知識和經驗，1812年開始研究設計蒸汽機。1814年設計第一輛蒸汽機關車作為在基令渥斯礦場（KILLINGWORTH COLLIERY）中牽引煤礦之用，取名「布留赫BLÜCHER」（布留赫是普魯士元帥GEBHARD LEBERECHT VON BLÜCHER，1815年6月18日率領普魯士軍隊趕到滑鐵盧幫助英國軍隊打敗拿破崙的法國軍隊），本身重6噸能以時速4英里牽引30噸煤炭列車，是世界上第一輛裝置內側凸緣鋼輪（FLANGED-WHEEL鋼輪內側邊緣直徑較大，可以使鋼輪凸緣頂住鐵軌、鋼圈在鐵軌上摩擦滑行而不致出軌）的蒸汽機關車在鐵軌上成功運轉，以後製造的鐵路機關車和各種車輛都採用內側凸緣鋼輪。

· 德意志民主共和國（即以前的東
 德）在1953年11月9日發行一款
 「德意志愛國者專題郵票」，面值
 24分尼，圖案右側是布留赫元帥
 肖像，背景是布留赫元帥在戰場上
 指揮普魯士軍團發動攻擊的情景。

· 位於中東的富傑拉邦（FUJEIRA，目前
 成為聯合阿拉伯大公國的一邦）在1971
 年1月31日發行一組鐵路發展史專題郵
 票，其中一款面值10 DH的圖案主題是
 1801年英國的蘇雷郡（Surrey，在倫敦
 附近）鐵道用馬拉的載貨列車。

· 德國在1992年11月5日發行一款
 「布留赫元帥誕生250周年（生
 於1742年，逝於1819年）紀念郵
 票」，面值100分尼，圖案主題是
 布留赫元帥騎馬指揮作戰的英姿。

為了方便自內陸的汐爾洞（SHILDON）附近一些礦場將挖出的煤炭經過大令屯（DARLINGTON）運到史托克屯（STOCKTON）裝入可航行於海上的載煤船，於是在1821年計畫興建「史托克屯和大令屯鐵道」（STOCKTON & DARLINGTON RAILWAY），路線長40公里，原本設計使用馬匹牽引煤斗車，在鐵道公司的董事「愛德華‧辟斯」（EDWARD PEASE）和喬治‧史提芬生見面商討後，決定變更計畫改採喬治‧史提芬生提議的蒸汽機關車。而接納蒸汽機關車的主要原因有兩項，第一是當時英國派遣大軍到歐洲大陸和拿破崙的軍隊作戰，馬匹被徵調、飼料價格上漲，而當地礦場的開採技術進步，煤炭產量增加、價格下跌，互相比較所耗用的能源成本，採用蒸汽機關車符合經濟原則；第二是蒸汽機關車的出力提升可以牽引更多節列車，加上速率提升、牽引次數增加，總運輸量就大增而顯得更有效率，「牽引力的增加」乘以「速率的增加」可以得到更大的倍數效果，而馬匹所產生的功效是固定的、無法再提升。雖然蒸汽機關車的造價昂貴，馬匹的價格低廉，但以各項成本和產出功效做整體考量與比較，選擇使用蒸汽機關車才是上策。1822年5月23日開始動工興建鐵道，1825年9月喬治‧史提芬生完成「機關一號」（原名ACTIVE後來改名LOCOMOTION 1）蒸汽機關車，它的最大改進就是首先採用連結桿驅動車輪取代之前的齒輪驅動，使得發出的動力更有效率，提升行車速度。車軸採0-4-0配置方式，即無前導輪、4個驅動輪、無從輪，驅動輪直徑1.22公尺，裝置2個汽缸。在1857年退出正式營運。

1825年9月27日舉行鐵道通車儀式，由喬治・史提芬生親自操控「機關一號」首次公開運轉於史托克屯和大令屯鐵道，「機關一號」牽引32節車廂其中12節載煤（有80噸之說）和麵粉、6節載貴賓、14節滿載著工人（據稱共載了600名乘客），從汐爾洞出發到大令通以平均時速約8英里（12.87公里）前進了9英里（14.48公里）共經過兩小時，其中包括將一節損壞的車廂從列車中移開，而實際運轉時間大約只有65分鐘。到達大令屯，從幾節載煤車卸下作為慈善捐贈用的煤炭送給貧民，接著抵達亞姆交會站（YARM JUNCTION）有一隊管樂隊登上列車完成最後一段行程，當運轉於最後一段下坡路程快抵達終點史托克通時曾出現加速到時速24公里的記錄，列車在下午3點45分到達終點時受到大批群眾的歡呼以及樂隊吹奏國歌、21響禮炮的致敬歡迎。大部分的乘客坐在無頂蓋的車廂，但列車中掛了一節有木製殼蓋的試驗性乘客車廂載了18位名流、要人等貴賓，「史托克屯和大令屯鐵道」成為世界上第一次公開載客及第一條固定營運的鐵道，也是近代鐵路運輸史的開端。而喬治・史提芬所設計的鐵道軌距（RAIL GAUGE鐵道上兩根鐵軌間的距離）是4英尺8又1/2英寸（即1435 MM），後來被英國各鐵道公司陸續採用，接著歐洲大陸大多數國家和美國也採用此種軌距，因此1435 MM的軌距被稱為「世界標準軌距」（THE WORLD'S STANDARD GAUGE），目前日本新幹線和台灣高速鐵路也使用標準軌距，而日本的一般在來線和台灣鐵路局則使用比標準軌距較窄的1067 MM（3 FT 6 IN俗稱三呎六）軌距。

「史托克屯和大令屯鐵道」（STOCKTON & DARLINGTON RAILWAY）在1863年被併入「東北鐵道」（THE NORTH EASTERN RAILWAY），而東北鐵道在1922年被合併組成「倫敦和東北部鐵道」（LONDON AND NORTH EASTERN RAILWAY），而至今原有的「史托克屯和大令屯鐵道」仍有部分路線還在營運。

・聖瑪利諾共和國（SAN MARINO）在
　1964年8月29日發行一組早期蒸汽機
　關車專題郵票，其中面值3里拉的圖
　案主題是1825年公開亮相、由喬治‧
　史提芬生製造的「機關一號」蒸汽機
　關車，當時為了列車運轉的安全起
　見，在蒸汽機關車前方有一名騎士右
　手舉著一面警告旗。

・位於南美洲內陸的巴拉圭
　（PARAGUAY）在1972年1月6日發行
　一組機關車歷史專題郵票，其中面值Gs
　0.20的圖案主題是1825年公開亮相、由
　喬治‧史提芬生製造的「機關一號」蒸汽
　機關車（G. STEPHENSON NO.1）。

・英國在1975年8月13日發行一組英國第一條公用鐵道（Public Railway）通車
　150周年紀念郵票，共四枚，圖案主題分別是四個時代的代表性機關車。其中
　面值7P便士的圖案主題是喬治‧史提芬生製造的「機關一號」（Stephenson's
　Locomotion）蒸汽機關車，1825年用於第一條公用鐵道─史托克屯和大令屯鐵
　道（Stockton & Darlington Railway）。
註：英國是現代郵務的創辦國，當初在設計郵票的圖案時並未考慮到加註國名，
　　只以英國的維多利亞女王肖像為主題，以後英國本土所發行的郵票也都未印
　　國名，只加印當代英國君王的肖像作為英國的象徵，本款圖案的左上角印英
　　國女王伊莉莎白二世的側面肖像。

・匈牙利（MAGYAR）在1981年6月
12日為喬治・史提芬生（1781～
1848）兩百年誕辰發行一款紀念郵
票，面值2Ft，圖案右上是喬治・
史提芬生肖像、下方是1825年喬
治・史提芬生製造的「機關一號」
蒸汽機關車。

・位於印度洋的馬爾地夫
（MALDIVES）在1989年12月26日
發行一組鐵路偉大先行者專題郵票，
其中面值Rf 2的圖案主題是喬治・史
提芬生肖像和1825年喬治・史提芬
生製造的「機關一號」蒸汽機關車。
圖案下方印一段英文：「GEORGE
STEPHENSON, BUILT THE FIRST
PUBLIC RAILWAYS. 1825」，即：
「1825年喬治・史提芬生興建了第一
條公用鐵道」之意。

・位於東南亞的柬埔寨王國（法文國
名ROYAUME DU CAMBODGE）
在1995年行一組世界早期著名的鐵
路機關車專題郵票，其中面值300
R的圖案主題是1825年一位司機正
在操控「機關一號」蒸汽機關車。

・位於加勒比海的格雷納達
（GRENADA）在1984年發行一組
機關車專題郵票，其中面值30C分
的圖案主題是1825年喬治・史提芬
生製造的「機關一號」蒸汽機關車
牽引三節煤斗車。

· 位於西非的貝南共和國（法文國名
REPUBLIQUE DU BENIN）在1997
年發行一組世界早期著名機關車專題
郵票，其中面值300 F法郎的圖案主
題是1825年「喬治・史提芬生」製造
的「機關一號」蒸汽機關車。

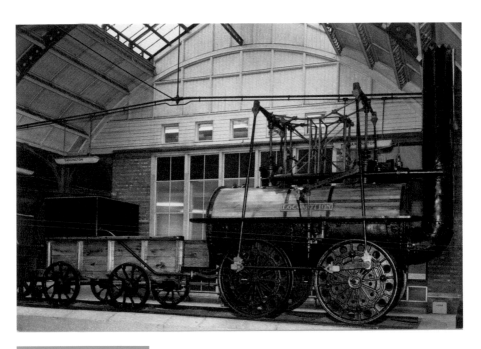

· 「機關一號」蒸汽機關車，存放在「大令屯鐵道中心和博物館」展示，
　位於「大令屯北路鐵道車站」同一棟建築物。

7. 1827年「提摩西・哈克沃斯」製造的皇家久記號（Royal George）蒸汽機關車

1827年「提摩西・哈克沃斯」曾經替「史托克屯和大令屯鐵道」（STOCKTON & DARLINGTON RAILWAY）製造了當時最有動力的蒸汽機關車，採取兩個直立式汽缸直接連結主驅動輪，再利用連桿帶動另外兩個轉動輪，所以共有三對動輪（成為世界第一輛三對動輪機關車），動輪直徑1.219公尺，車軸採0-6-0配置方式，即無前導輪、6個驅動輪、無從輪。機關車車身長4.953公尺，總重量16.75噸。它的最大特點是機關車煙囪的前端連了一節煤炭車，機關車的後端則連了一節水箱車，司機坐在水箱車上操控。由於皇家久記號的運轉性能不錯，於是「史托克屯和大令屯鐵道」就以此型為基礎，造了幾輛，其中的最後一輛稱為「得文特」（DERWENT），至今保存於大令屯（DARLINGTON，英格蘭東北部的市鎮，人口約九萬八千人）。

‧位於南太平洋的吐瓦魯（TUVALU）的夫那夫提（FUNAFUTI）在1984年12月24日發行一組世界領先者（LEADERS OF THE WORLD）機關車專題郵票，其中面值40分的圖案主題是由「提摩西・哈克沃斯」製造的「皇家久記」號，分成上下各一枚相連，上一枚是「皇家久記」號的左側及正面圖，下一枚是「皇家久記」號在史托克屯和大令屯鐵道上牽引列車前進正經過一座磚造橋。

・位於東南亞的寮國（LAO）在1988年為紀念在愛森（ESSEN，位於德國西部的工業大都市，曾經是德國最重要的煤鋼產業中心）舉行的國際郵展而發行一組世界早期著名的鐵路機關車專題郵票，其中面值20K的圖案主題是「皇家久記」號（Royal George）蒸汽機關車。

・位於西非的貝南共和國（法文國名REPUBLIQUE DU BENIN）在1997年發行一組世界早期著名機關車專題郵票，其中面值200F法郎的圖案主題是1827年的「皇家久記」號（Royal George）蒸汽機關車。

8. 1828年「蘭卡謝女巫」號（Lancashire Witch）蒸汽機關車

羅伯特‧史提芬生和他的父親喬治‧史提芬生經過長期討論後，接受幾個機械性設計原則，在1828年為波爾屯和累鐵道（BOLTON & LEIGH RAILWAY）造了一輛兩軸動輪的蒸汽機關車，稱為「蘭卡謝女巫」號，車軸採0-4-0配置方式，即無前導輪、4個驅動輪、無從輪，驅動輪直徑1.219公尺，裝置2個汽缸。車身長3.759公尺，車身兩側各裝置一具斜式汽缸。據說「蘭卡謝女巫」號運轉得很順利，使用了相當長的時間，但是很可惜地沒有被保存起來。

46

‧位於南太平洋的吐瓦魯（TUVALU）的夫那夫提（FUNAFUTI）在1984年12月24日發行一組世界領先者（LEADERS OF THE WORLD）機關車專題郵票，其中面值35分的圖案主題是由「羅伯特‧史提芬生」製造的「蘭卡謝女巫」號，分成上下各一枚相連，上一枚是「蘭卡謝女巫」號的右側及正面圖，下一枚是停在軌道上的「蘭卡謝女巫」號。

9. 1829年「史提芬生父子」製造的「火箭」號蒸汽機關車和「利物浦和曼徹斯特鐵道」

利物浦和曼徹斯特位於英格蘭的西北部，在19世紀初期曼徹斯特發展紡織業成為世界第一個工業化都市，而所需各種原料的輸入和製成品的輸出得仰賴附近的利物浦海港（當時已成為英國最大商港），為了降低貨物的運輸成本以及加快貨物的流通速度，所以兩地的商人決定籌資興建一條鐵路，於是在1823年5月24日成立利物浦和曼徹斯特鐵

道公司（Liverpool & Manchester Railway）。公元1829年，利物浦和曼徹斯特鐵道公司決定公開招標所使用的機關車，10月6日至14日在雨丘（Rainhill，位於利物浦郊外）附近舉行競賽，最初有十輛登記參加比賽，但實際上只有五輛參加決賽，分別是：

（1）由「托瑪斯・布蘭得雷特」製造的「知識淵博」號（Cycloped, built by Thomas Brandreth）。

（2）由「約翰・愛力克森和約翰・布萊斯偉特」製造的「新奇」號（Novelty, built by John Ericsson and John Braithwaite）。

（3）由「提摩西・伯斯塔爾」製造的「堅忍」號（Perseverance, built by Timothy Burstall）。

（4）由「喬治・史提芬生和兒子羅伯特・史提芬生」製造的「火箭」號（Rocket, built by George Stephenson and Robert Stephenson）。

（5）由「提摩西・哈克沃斯」製造的「無可匹敵」號（Sans Pareil, built by Timothy Hackworth）。

比賽的規則主要是每一輛機關車必須完成十趟來回行程，每趟的單程距離是1又3／4英里（約2.8公里），每趟來回是3.5英里（約5.6公里），所以總共得跑完35英里（約56公里）。每次最初的1／8英里（約兩百多公尺）作為出發加速路段，最後的1／8英里（約兩百多公尺）作為煞車減速路段，中間的1.5英里（約2.4公里）則全速行進，平均時速不可低於10英里（約16公里）。

最後由史提芬生父子所製造的「火箭」（ROCKET）號奪標，車軸採0-2-2配置方式，即無前導輪、2個驅動輪、2個從輪，驅動輪直徑1.435公尺、從輪直徑0.76公尺，裝置2個汽缸。車身長4.013公尺、重7.6噸，牽引13噸，平均時速可達25.7公里，最高時速30英里（48.28公里）。史提芬生除了得到五百英鎊的鉅額獎金（約合現在的三百萬新台幣）以外，並且得到製造七輛蒸汽機關車的訂單。

「火箭」號的奪標絕非偶然和機運，而是史提芬生父子在內部設計做有效的改善，因為以往的蒸汽機關車的鍋爐內只有一支蒸汽導管被水圍繞，而「火箭」號則改為多管式鍋爐（MULTI-TUBULAR BOILER），使得鍋爐產生的熱量能更有效率地產生更多的蒸汽透過汽缸來推動車輪，此外裝置送風管（BLASTPIPE）利用排出的蒸汽導入燃燒室內產生助燃作用，以提升熱能功效（和一般火爐利用鼓風箱將空氣打入爐內使得火勢更旺的原理相同）。

1830年9月15日利物浦和曼徹斯特鐵道舉行正式開始營運通車典禮，由喬治・史提芬生和年輕的司機愛德華・因特為瑟（EDWARD ENTWISTLE，1815年出生，後來移居美國，據說在1906年去世）操控「火箭」號牽引旅客列車自出發利物浦，從此以後鐵路的列車就逐漸成為陸上的主要交通工具，最初將近三十年的期間稱為鐵路探索發明時代。喬治・史提芬生接著擔任「曼徹斯特和里茲」（MANCHESTER & LEEDS）、「伯明罕和德比」（BIRMINGHAM & DERBY）、「諾曼屯和約克」（NORMANTON & YORK）、「謝菲德和羅瑟罕」（SHEFFIED & ROTHERHAM）等鐵道公司的總技師並且繼續研究改進蒸汽機關車和軌道，因此被尊稱為「鐵道之父」（FATHER OF RAILWAYS），1848年8月12日在切斯特場（CHESTERFIELD）附近的自宅「塔普通宅第」（TAPTON HOUSE）去世。

利物浦和曼徹斯特鐵道正式通車以後，營運得十分成功。1831年總共載運了445,047名乘客，收入155,702英鎊，獲利71,098英鎊。1844年收入達到

258,892英鎊，獲利增加到136,688英鎊。在當時年度投資報酬率達到百分之十，也就是股東每投資100英鎊每年可以得到10英鎊的股利。1845年利物浦和曼徹斯特鐵道被併入它的大股東－大交會鐵道（GRAND JUNCTION RAILWAY，1837年開通），而大交會鐵道不久成為1846年成立的倫敦和西北鐵道（LONDON AND NORTH WESTERN RAILWAY）的大股東。

· 保加利亞人民共和國（НР БЪЛГАРИЯ，保加利亞語屬斯拉夫語系，使用與俄文相同的Cyrillic字體）在1964年7月1日發行一組機關車專題郵票，其中面值1 CT分的圖案主題是1829年在公開競賽奪標、由史提芬生父子製造「火箭」號蒸汽機關車。

· 聖瑪利諾共和國（SAN MARINO）在1964年8月29日發行一組早期蒸汽機關車專題郵票，其中面值4里拉的圖案主題是1829年在公開競賽奪標、由史提芬生父子製造的「火箭」（ROCKET）號蒸汽機關車。

· 1979年6月8日蒙古（Mongolia）為紀念在漢堡舉辦的國際交通展發行一組世界鐵路發展專題郵票（全套共九枚郵票），其中面值10 Mung的圖案主題是「火箭」號蒸汽機關車，中上印一段英文「PRIZE-WINNING ROCKET」，即「贏得獎賞火箭號」之意。

50

・波蘭（POLSKA）在1976年2月13日發行
一組機關車歷史專題郵票，其中面值1.50
Zł的圖案中上是喬治・史提芬生肖像，主
題是1829年在公開競賽奪標、由史提芬生
父子所製造的「火箭」號蒸汽機關車。

・1979年6月8日匈牙利（MAGYAR）
為紀念在漢堡舉辦的國際交通展
發行一組世界鐵路發展專題郵票
（全套共七枚郵票包括一枚小全張
souvenir sheet），圖案以著名的機
關車或列車為主題，每一枚郵票印
展覽會的標誌IVA'79，IVA是德文國
際交通展的簡寫。面值40 F的圖案
主題是史提芬生父子所製造的「火
箭」（ROCKET）號蒸汽機關車，
1829年首次在利物浦和曼徹斯特鐵
道（LIVERPOOL MANCHESTER
VASUT）公開競賽的情景。

・巴拉圭（PARAGUAY）在1972年11月25
日發行一組機關車歷史專題郵票，其中面
值Gs 0.10的圖案主題是1829年在公開競
賽奪標、由史提芬生父子製造「火箭」
（ROCKET）號蒸汽機關車。

（郵票實際尺寸：圖片尺寸=1：0.7）

・英國在1980年3月12日為紀念利物浦和曼徹斯特鐵道（LIVERPOOL AND MANCHESTER RAILWAY）正式通車150周年發行一款長橫條式的五枚連刷郵票，每一枚面值皆為12便士，圖案主題是火箭號牽引客貨混合列車前進的情景，由左至右依序分別是：（1）火箭號蒸汽機關車（2）二等客車、一等客車（3）三等客車（露天無頂蓋）、載綿羊的獸欄車（4）載馬的獸欄車、載馬車的平臺車（5）載貨的平臺車及載郵件的郵務車（mail coach）。

· 位於加勒比海的聖路西亞（ST.
LUCIA）在1983年10月13日發
行一組世界領先者（LEADERS
OF THE WORLD）機關車專題
郵票，其中面值2元的圖案主題
是史提芬生父子製造的「火箭」
號蒸汽機關車在1829年公開試
車，分成上下各一枚相連，上一
枚是「火箭」號的左側及正面
圖，下一枚是「火箭」號在運轉
時經過石造橋的情景，「火箭」
號操控台上右側身材較高者是喬
治·史提芬生、左側是年輕的司
機「愛德華·因特為瑟」。

· 位於東南亞的寮國（LAO）在1988年為紀念在愛
森（ESSEN，位於德國西部的工業大都市，曾經
是德國最重要的煤鋼產業中心）舉行的國際郵展而
發行一組世界早期著名的鐵路機關車專題郵票，其
中面值15K的圖案主題是史提芬生父子製造的「火
箭」號蒸汽機關車。

· 位於西藏南方的不丹（BHUTAN）在1988年3月31
日發行一組「交通工具的發明」專題郵票，其中面
值1NU的圖案主題是史提芬生父子製造的「火箭」
（STEPHENSON'S ROCKET）號蒸汽機關車在
1829年公開試車，右下印一段英文：「First High-
speed Locomotive」，即：「第一輛高速機關車」
之意。

· 位於東南亞的柬埔寨王國（法文國名
ROYAUME DU CAMBODGE）在1995年
行一組世界早期著名的鐵路機關車專題郵
票，其中面值200R的圖案主題是1830年
兩位司機正在操控「火箭」號蒸汽機關
車、後面牽引旅客列車。

· 位於西非的貝南共和國（法文國名
REPUBLIQUE DU BENIN）在1997年
發行一組世界早期著名機關車專題郵
票，其中面值150F法郎的圖案主題是
1829年「喬治·史提芬生」製造的「火
箭」號蒸汽機關車。

"ROCKET" 1829
Robert Stephenson, Newcastle

· 「火箭」號蒸汽機關車模型。

10. 1829年「約翰・愛力克森和約翰・布萊斯偉特」製造的「新奇」號蒸汽機關車

· 位於加勒比海的聖文森（ST. VINCENT）在1984年7月27日發行一組世界領先者（LEADERS OF THE WORLD）機關車專題郵票，其中面值2元的圖案主題是由約翰・愛力克森（John Ericsson）和約翰・布萊斯偉特（John Braithwaite）製造的「新奇」（NOVELTY）號，分成上下各一枚相連，上一枚是「新奇」號的左側及正面圖，下一枚是「新奇」號在雨丘試車選拔賽（Rainhill Trials）時司機向左邊路過的馬車上人員揮手致意的情景。「新奇」號的車軸採0-4-0配置方式，即無前導輪、4個驅動輪、無從輪，驅動輪直徑1.270公尺，裝置2個汽缸。車身長3.962公尺，由於重量只有3.1噸成為參賽中最輕的一輛，外型像一輛蒸汽馬車（steam carriage），頗得當時圍觀群眾的好感和認同，果然在比賽的第一天不負眾望跑出時速約30英里（約48公里多）的佳績，另外一項優點是生火以後很快地就可以冒出蒸汽，展現它的功能和效率。但是在第二天機關車鍋爐的導水管破裂，整天用在修復工作，又發現鍋爐的封蓋需要修理，接著繼續試車時再度出現鍋爐的問題，導致「新奇」號不得不退出比賽。為了紀念雨丘試車選拔賽100周年和150周年，曾經各複製一輛「新奇」號蒸汽機關車，紀念100周年複製的一輛存放在倫敦的科學博物館（Science Museum）。

· 位於加勒比海的格雷納達（GRENADA）在1984年發行一組機關車專題郵票，其中面值40C分的圖案主題是1829年公開試車的「新奇」號蒸汽機關車。

· 位於東南亞的寮國（LAO）在1988年為紀念在愛森（ESSEN，位於德國西部的工業大都市，曾經是德國最重要的煤鋼產業中心）舉行的國際郵展而發行一組世界早期著名的鐵路機關車專題郵票，其中面值30K的圖案主題是「新奇」號蒸汽機關車。

· 位於西非的貝南共和國（法文國名REPUBLIQUE DU BENIN）在1997年發行一組世界早期著名機關車專題郵票，其中面值270F法郎的圖案主題是1829年的「新奇」號（法文Nouveauté）蒸汽機關車。

11. 1829年「提摩西・哈克沃斯」製造的
「無可匹敵」號蒸汽機關車

・位於南太平洋的吐瓦魯（TUVALU）的夫那夫提（FUNAFUTI）在1984年4月16日發行一組世界領先者（LEADERS OF THE WORLD）機關車專題郵票，其中面值50分的圖案主題是由「提摩西・哈克沃斯」製造的「無可匹敵」（SANS PAREIL）號，分成上下各一枚相連，上一枚是「無可匹敵」號的左側及正面圖，下一枚是「無可匹敵」號停在礦場的鐵道上。「無可匹敵」號的車身長6.3公尺，車重4.32噸，車軸採0-4-0配置方式，即無前導輪、4個驅動輪、無從輪，驅動輪直徑1.372公尺，裝置2個汽缸。在雨丘試車選拔賽完成8趟來回行程後，因為汽缸爆裂而退出比賽。

· 位於東南亞的寮國（LAO）在1988年為紀念在愛森
　（ESSEN，位於德國西部的工業大都市，曾經是德國最
　重要的煤鋼產業中心）舉行的國際郵展而發行一組世界
　早期著名的鐵路機關車專題郵票，其中面值6K的圖案主
　題是「無可匹敵」號（Sans Pareil）蒸汽機關車。

· 位於西非的貝南共和國（法文國名REPUBLIQUE DU
　BENIN）在1997年發行一組世界早期著名機關車專題郵
　票，其中面值400F法郎的圖案主題是1829年的「無可
　匹敵」號（Sans Pareil）蒸汽機關車。

12. 1829年「阿給諾里亞」號蒸汽機關車：原車保存最久的英國蒸汽機關車

「阿給諾里亞」號其實就是「冒煙的比利」號的近代化更新版，「冒煙的比利」號以齒輪式動輪在齒輪式軌道上行進，而「阿給諾里亞」（AGENORIA）號則在近代化的鐵軌上運行。1829年由位於窩塞斯特郡斯托爾橋（STOURBRIDGE, WORCESTERSHIRE）的布拉得雷・否斯特・拉斯翠克公司（BRADLEY, FORSTER, RASTRICK & CO.）為夏特端點鐵道（SHUTT END RAILWAY）製造，它的姊妹車就是第一輛在美國運轉的「斯托爾橋之獅」（STOURBRIDGE LION）號蒸汽機關車。車身重11.2噸，車身長3.924公尺，車軸採0-4-0配置方式，即無前導輪、4個驅動輪、無從輪，驅動輪直徑1.232公尺，裝置2個汽缸。據報導，「阿給諾里亞」號在第一次運轉時，牽引八節無蓋貨車，每一節載45人，所以整列車共載了360人，以時速12公里前進。它的最大特徵就是鍋爐上有兩對樞軸迴轉式槓桿以驅動車輪，當行進時連桿的動感十足，當地沿線的民眾就為它取了一個有意思的綽號——「蚱蜢」（THE GRASSHOPPER）。「阿給諾里亞」號服務了35年，在1864年退役。由於車主捨不得將它拆

解，因此被保存下來，成為科學博物館的收藏品。後來移到
舊約克鐵道博物館（THE OLD YORK RAILWAY MUSEUM，
就在約克車站的南方），當位於車站北方的國家鐵道博物館
（THE NATIONAL RAILWAY MUSEUM）開幕時，「阿給
諾里亞」號被移到該館的火車庫展示，一直保存到現在。

·位於南太平洋的吐瓦魯（TUVALU）的尼烏滔（NIUTAO）
在1984年9月17日發行一組世界領先者（LEADERS OF
THE WORLD）機關車專題郵票，其中面值40分的圖案主
題是「阿給諾里亞」號，分成上下各一枚相連，上一枚是
「阿給諾里亞」號的左側及正面圖，下一枚是「阿給諾里
亞」號停在站場內軌道。

13. 1830年「羅伯特・史提芬生公司」製造的 「諾散布里安」號蒸汽機關車

· 位於南太平洋的吐瓦魯（TUVALU）的尼烏滔（NIUTAO）在1984年9月17日發行一組世界領先者（LEADERS OF THE WORLD）機關車專題郵票，其中面值20分的圖案主題是由「羅伯特・史提芬生公司」（Robert Stephenson & Co.）製造的「諾散布里安」（NORTHUMBRIAN原意係指中世紀在英國北方的王國）號，分成上下各一枚相連，上一枚是「諾散布里安」號的右側及正面圖，下一枚是「諾散布里安」號牽引一列貨物列車從一座陸橋下穿過。「諾散布里安」號總重量11.5噸、車身長7.315公尺，車軸採0-2-2配置方式，即無前導輪、2個驅動輪、2個從輪，驅動輪直徑1.321公尺，裝置2個汽缸。1830年9月15日，和「火箭」號共同出現於利物浦與曼徹斯特鐵道所舉行的正式開始營運通車典禮。「諾散布里安」號只比「火箭」號晚了幾個月交付利物浦與曼徹斯特鐵道公司，但在結構設計有兩項改進，第一、首先將燃燒室〈俗稱火爐〉直接放在鍋爐下面（從此以後蒸汽機關車都採用此種設計），第二、將汽缸從斜式改為接近水平式。

14. 1830年「羅伯特・史提芬生公司」製造的 「行星」號蒸汽機關車

・位於南太平洋的吐瓦魯（TUVALU）的尼烏滔（NIUTAO）在1984年9月17日發行一組世界領先者（LEADERS OF THE WORLD）機關車專題郵票，其中面值5分的圖案主題是由「羅伯特・史提芬生公司」（Robert Stephenson & Co.）製造的「行星」（PLANET）號，分成上下各一枚相連，上一枚是「行星」號的右側及正面圖，下一枚是「行星」號牽引一列貨物列車從一座鐵路陸橋下穿過。「行星」號總重量13.5噸、車身長7.420公尺，車軸採2-2-0配置方式，即2個前導輪、2個驅動輪、無從輪，驅動輪直徑1.575公尺，裝置2個汽缸。在1830年10月交付利物浦和曼徹斯特鐵道公司。「行星」號雖然在外表設計並沒有太大改變，但是對於汽缸的位置設計有一項突破性的改變，就是將汽缸從車身的後端移到前端並且呈水平式安置、以曲柄車軸（crank axle）驅動車輪，此後多年英國大多數蒸汽機關車也改採用此種設計。

格雷那達（GRENADA）在1991年12月2日發行一款版張，標題是「世界偉大的鐵道」（THE GREAT RAILWAYS OF THE WORLD），內含九枚郵票，分成三排、每排三枚，每一枚的面值都是75分，圖案主題分別簡介如下。

· 上左：1814年史提芬生的第一輛蒸汽發動機關車（GEORGE STEPHENSON'S FIRST ENGINE, 1814）。
· 上中：史提芬生畫像，生於1781-1848去世（GEORGE STEPHENSON 1781-1848）。
· 上右：1816年史提芬生的基令渥斯蒸汽發動機關車（GEORGE STEPHENSON'S KILLINGWORTH ENGINE, 1816）。
· 中左：1825年「機關一號」史托克屯和大令屯鐵道（'LOCOMOTION No.1' STOCKTON & DARILNGTON RAILWAY, 1825）。
· 中中：1825年「機關一號」在大令屯（'LOCOMOTION No.1' IN DARILNGTON, 1825）。
· 中右：1825年史托克屯和大令屯鐵道開通（OPENING OF STOCKTON & DARILNGTON RAILWAY, 1825）。
· 下左：1827年「皇家久記」號（'ROYAL GEORGE', 1827）。
· 下中：1829年「諾散布里安‧火箭」號（'NORTHUMBRIAN ROCKET', 1829）。
· 下右：1830年「行星」號2-2-2級，利物浦和曼徹斯特鐵道（PLANET CLASS 2-2-2 LIVERPOOL & MANCHESTER RAILWAY, 1830）。

註：行星號「2-2-2」級應該是「2-2-0」級。

15. 1830年「殷維克塔」號蒸汽機關車：火箭號的改良版

坎特布里和惠特斯塔伯鐵道（CANTERBURY & WHITSTABLE RAILWAY）長六英里（約十公里）在1830年5月3日開始營運，成為英國南部第一條用蒸汽機關車運轉的公共鐵道。最初使用「殷維克塔」（INVICTA）號蒸汽機關車，向羅伯特・史提芬生公司（ROBERT STEPHENSON & CO.）以635英鎊購買，它是該公司製造的第24輛機關車，而著名的火箭號則是該公司製造的第19輛機關車，所以「殷維克塔」號可以說是火箭號的改良版，機關車的火爐室和爐架加大可產生更多的熱量。車身重6.4噸、車身長4.166公尺。車軸採0-4-0配置方式，即無前導輪、4個驅動輪、無從輪，驅動輪直徑1.219公尺，裝置2個汽缸。1836年曾經過大改造，但是性能卻變差。1838年鐵道公司因無獲利，於是將「殷維克塔」號出租，1839年打算出售，但是無人購買。1853年東南鐵道（SOUTH EAST RAILWAY）接管坎特布里和惠特斯塔伯鐵道，稍後「殷維克塔」號出現於各種展覽會。1906年將它贈予坎特布里市，後來將它存放在坎特布里文化資產博物館做永久展示。●

· 位於英國蘇格蘭西北部的伯內拉群島（BERNERA ISLANDS）發行一組世界領先者（LEADERS OF THE WORLD）機關車專題郵票，其中面值1英鎊的圖案主題是「殷維克塔」號，分成上下各一枚相連，上一枚是「殷維克塔」號的左側及正面圖，下一枚是行進間「殷維克塔」號。

位於西非的多哥共和國（RÉPUBLIQUE TOGOLAISE）在2010年發行一款小版張，標題是「向史提芬生致敬」（Hommage à GEORGE STEPHENSON），內含四枚郵票，面值都是750法郎。

· 左上：1825年「機關一號」（"Locomotion No.1"（1825））蒸汽機關車。
· 右上：1829年的「火箭號」（"Rocket"（1829））蒸汽機關車和史提芬生畫像。
· 左下：1804年的陪奈大連機關車（"Pen-y-Darren Locomotive"（1804））和在1816年由「林內爾」（John Linnell）畫的「里察‧崔韋席克」（RICHARD TREVITHICK）畫像。
· 右下：「羅伯特‧史提芬生」（Robert Stephenson，1803-1859）1829年製造的「殷維克塔」（"Invicta"（1829））號蒸汽機關車。

CHAPTER 2
鐵路開拓發展時代之一

· 波蘭（POLSKA）在1976年2月13日發行一組
機關車歷史郵票，其中四枚的圖案主題與早
期的蒸汽機關車發展史有密切關係。面值2.70
Zł：左上是羅伯特·史提芬生肖像，主題是
1837年製造的「北星」（North Star）號蒸汽
機關車。

1. 1837年大西部鐵道的「北星」（North Star）號蒸汽機關車

羅伯特·史提芬生公司為了英國的大西部鐵道（GREAT WESTERN RAILWAY）
使用七英尺寬軌（7 FT 1/4 IN OR 2140 MM）而製造的「北星」號
（NORTH STAR），寬軌設計者是一位年輕的技師「布魯內爾」（ISAMBARD
KINGDOM BRUNEL），他所堅持的理由是為了機關車的車輪加大可以在鐵軌
上做更快速運轉，因此需要較寬的軌距。

車軸採用「2-2-2」（兩個導輪、兩個動輪、兩個從輪）配置方式，導輪和從
輪的直徑4英尺（1.2192公尺）、動輪的直徑7英尺（2.1336公尺）。1838年5
月31日，大西部鐵道第一段路線由倫敦的巴丁屯到靠近「處女時代」的「塔普
樓」（FROM LONDON PADDINGTON TO TAPLOW NEAR MAIDENHEAD）
正式開通，由「北星」號擔任牽引首班列車，運轉到1871年才退休，保存於英

格蘭西南部的史文敦（SWINDON）鐵路工廠，直到1906年被解體。

一輛無法運轉的「北星」號複製品是為了1923年的慶典遊行而製造，如今保存於史文敦的蒸汽鐵道博物館。

2. 1840年大西部鐵道的「螢火蟲」（Firefly）號蒸汽機關車

「螢火蟲」號是繼「星」級運轉成功之後而由丹尼爾‧古奇（DANIEL GOOCH）設計推出較大型的蒸汽機關車，比「星」級的鍋爐大、出力也增加。車身重42.69噸，車身長11.989公尺，車軸也是採取「2-2-2」（兩個導輪、兩個動輪、兩個從輪）配置方式，導輪和從輪的直徑是4英尺、動輪的直徑是7英尺，所以它的外觀頗像「星」級。總共有62輛「螢火蟲」級蒸汽機關車自1840年3月至1842年12月陸續加入運轉行列，1863年12月至1873年7月則逐漸退出運轉行列。「螢火蟲」號在1840年第一次公開運轉時曾創下時速56哩（約90公里）的記錄，自「崔佛德」至「倫敦的巴丁屯」（TWYFORD TO LONDON PADDINGTON）的30.75哩路程只需37分鐘創下平均時速超過50哩（約80公里）的記錄，在當時而言，可稱得上是前所未有的記錄。

‧輛「螢火蟲」級的蒸汽機關車在1845年牽引「飛快的荷蘭人」（FLYING DUTCHMAN取名自一匹有名的冠軍賽馬）號客運快車，從「倫敦的巴丁屯」到英格蘭西

南部的依克塞特（EXETER）路程194哩（約310公里），途中停五個站只需四個半小時，包括停靠站的平均時速達45哩（約72公里），在當時被稱為世界上最快速的列車。

而最值得一提的是「螢火蟲」級的「夫雷給送」（PHLEGETHON取自希臘神話中五條冥河之一）號在1842年6月13日擔任一項歷史性的光榮任務—牽引英國維多利亞女王第一次鐵路巡訪的皇家列車，由丹尼爾・古奇親自操控「夫雷給送」號蒸汽機關車，由倫敦西方的思勞（SLOUGH）鎮到「倫敦的巴丁屯」（LONDON PADDINGTON），路程18.75哩（約30公里）只用了25分鐘。

2005年一輛按照原本「螢火蟲」號複製的蒸汽機關車展現在公眾之前，如今保存於迪寇特鐵道中心（DIDCOT RAILWAY CENTRE），整年中在通常的場合可以看到複製蒸汽機關車冒煙運轉。

· 位於加勒比海的聖文森附屬島
（GRENADINES OF ST. VINCENT）
在1985年1月31日發行一組世界領先者
（LEADERS OF THE WORLD）機關車專
題郵票，其中面值3元的圖案主題是1840年
製造的「螢火蟲」（FIRE FLY）號蒸汽機
關車，分成上下各一枚相連，上一枚是「螢
火蟲」號的右側及正面圖，下一枚是「螢火
蟲」號牽引客運列車停在車站內。

· 位於加勒比海的聖文森附屬島的貝基亞（BEQUIA GRENADINES OF ST.
VINCENT）在1986年9月30日發行發行一組英國偉大的鐵路技師專題郵票，其中
面值1元的圖案左半部是丹尼爾・古奇爵士（SIR DANIEL GOOCH）年輕時的肖
像，右半部是丹尼爾・古奇親自操控「螢火蟲」級第一輛蒸汽機關車「螢火蟲」號
（FIRST OF FIRE FLY CLASS）。丹尼爾・古奇生於1816年8月24日，逝於1889年
10月15日，1837年8月9日受聘擔任大西部鐵道（（GREAT WESTERN RAILWAY）
的機關車總監（LOCOMOTIVE SUPERINTENDENT），1840年成為大西部鐵道的
董事長（CHAIRMAN）直到1864年，在位24年。

3. 1841年大西部鐵道的「獅子座」級「赫克拉」（Hecla）號蒸汽機關車

「獅子座」（Leo）級是大西部鐵道第一款牽引貨物列車的專用機關車，由丹尼爾・古奇（Daniel Gooch）設計，將「螢火蟲」級稍加修改，車身重44.21噸，車身長11.862公尺，車軸是採取「2-4-0」（兩個導輪、四個動輪）配置方式，動輪由一軸變成兩軸，動輪直徑由7英尺變成5英尺，其目的就是要增加機關車牽引力。本級共造了18輛，「赫克拉」號自1841年運轉到1864年，其餘的則一直運轉到1870年代初期。

・位於南太平洋的吐瓦魯（TUVALU）的外土普（VAITUPU）在1985年3月7日發行一組世界領先者（LEADERS OF THE WORLD）機關車專題郵票，其中面值10分的圖案主題是1841年製造的「赫克拉」（HECLA）號蒸汽機關車，分成上下各一枚相連，上一枚是「赫克拉」號的左側及正面圖，下一枚是「赫克拉」號在站內運轉。

4. 1847年大西部鐵道的「鐵公爵」（Iron Duke）號蒸汽機關車

丹尼爾‧古奇在1846年覺得要提升「螢火蟲」級機關車的性能，於是設計出動力更大的「鐵公爵」級蒸汽機關車，車身重53.32噸，車身長13.894公尺，車軸採取「4-2-2」（四個導輪、兩個動輪、兩個從輪）配置方式，最大特徵是動輪直徑8英寸（2.438公尺），在當時是最大的動輪，也是寬軌鐵道中最有名氣的機關車。第一輛自1847年4月起加入運轉行列，同級其餘的28輛大都在「倫敦的巴丁屯」（LONDON PADDINGTON）到「布里斯托」（BRISTOL）和「倫敦的巴丁屯」（LONDON PADDINGTON）到「伯明罕」（BIRMINGHAM）路線上運轉，直到1870年代才逐漸退休。「鐵公爵」號在1871年被拆解，到了1985年完成一輛按原尺寸（或稱等比例）製造可以運轉的複製機關車。

‧位於南太平洋的吐瓦魯（TUVALU）的努伊（NUI）在1987年8月6日發行一組世界領先者（LEADERS OF THE WORLD）機關車專題郵票，其中面值25分的圖案主題是1847年製造的「鐵公爵」（IRON DUKE）號蒸汽機關車，分成上下各一枚相連，上一枚是「鐵公爵」號的右側及正面圖，下一枚是「鐵公爵」號在站內運轉。

· 柬埔寨王國（法文國名ROYAUME DU CAMBODGE）在1999年發行一組機關車專題郵票，其中面值1000 R的圖案主題是1847年製造的「鐵公爵」（IRON DUKE）號蒸汽機關車。

· 位於東南亞的寮國（LAO）在1997年發行一組世界著名機關車專題郵票，其中面值500 K的圖案主題是1851至1884年間在大西鐵道營運的鐵公爵級「群島君主」（Lord of the Isles）號蒸汽機關車正在前進中。

註：Lord of the Isles是英國皇室冊封英國君王長子的世襲頭銜。

5. 1837年「倫敦和伯明罕鐵道」（London and Birmingham Railway）的「貝里」型（Bury）蒸汽機關車

直到1830年代中期，羅伯特‧史提芬生公司在機關車製造行業幾乎沒有對手，到了愛德華‧貝里（EDWARD BURY）的出現情況才有了變化。1832年愛德華‧貝里曾經設計了一輛「居住者」號（LIVER）蒸汽機關車，在「倫敦和伯明罕鐵道」上奔馳，展現出它的性能在某些方面勝過史提芬生公司的「行星」（PLANET）號蒸汽機關車。

1838年愛德華‧貝里被任命為「倫敦和伯明罕鐵道」的機關車總監，他已經設計出車軸「2-2-0」（兩個導輪、兩個動輪）和「0-4-0」（四個動輪）配置方式的機關車，當時的機關車已經朝大型化發展，而「貝里」型卻能以較小的車身發揮牽引力，有時候可以看到至少四輛「貝里」型機關車同時在軌道上牽引客運列車。

據當代的報告：「貝里」型機關車每運轉一噸哩（PER TON MILE就是牽引一噸重量、前進一哩路程，在運輸學的專業術語稱為「延噸哩」）消耗不到半磅的焦炭，依現代的科學觀點來看，「貝里」型是頗具節省能源的機關車。

· 位於西非的茅利塔尼亞伊斯蘭共和國
　（法文國名REPUBLIQUE ISLAMIQUE
　de MAURITANIE）在1980年11月發行
　一組機關車專題郵票，其中面值20UM
　的圖案主題是1837年製造的「貝里」型
　（BURY）蒸汽機關車。

· 位於加勒比海的聖文森附屬島中的聯合島
　（UNION ISLAND-GRENADINES OF ST.
　VINCENT）在1984年12月18日發行一組世界
　領先者（LEADERS OF THE WORLD）機關
　車專題郵票，其中面值1元的圖案主題是1837
　年製造的「貝里」型（BURY）蒸汽機關車，
　分成上下各一枚相連，上一枚是「貝里」型
　的右側及正面圖，下一枚是「貝里」型牽引
　客運列車前進。

6. 1838年「獅子」（Lion）號蒸汽機關車

「利物浦和曼徹斯特鐵道」（THE LIVERPOOL AND MANCHESTER RAILWAY）第57號蒸汽機關車取名「獅子」（LION）。1838年由里茲的多德・迄生與賴爾德工廠（TODD, KITSON & LAIRD OF LEEDS）製造，當時設計為牽引貨物而造了一對，另外一輛第58號蒸汽機關車取名「老虎」（TIGER）。

「獅子」號總重量29.73噸，車身長9.957公尺，動輪直徑1.524公尺，配置兩軸動輪、一軸從輪，機關車連結一節炭水車。

1845年換裝新鍋爐，直到1858年都在鐵道上運轉。1859年「獅子」號轉賣給莫賽船塢和港務局（MORSEY DOCKS & HARBOUR BOARD），作為固定的蒸汽發動機使用來推動唧筒抽水機，一直工作到1928年才被電動式唧筒抽水機取代。「獅子」號原本要被拆解，但是卻被一位因商務拜訪船塢而對蒸汽機關車十分著迷的老兄發現，於是立即通報「利物浦和曼徹斯特

· 位於意大利中部的聖瑪利諾共和國（ＳＡＮ
MARINO）在1964年8月29日發行一組早期蒸汽機
關車專題郵票，其中面值5里拉的圖案主題是1838年
「獅子」號（LION）蒸汽機關車牽引列車前進。

· 位於加勒比海的聖路西亞（SAINT LUCIA）在1985年2月4日發
行一組世界領先者（LEADERS OF THE WORLD）機關車專
題郵票，其中面值75C分的圖案主題是1838年製造的「獅子」
號（LION）蒸汽機關車，分成上下各一枚相連，上一枚是「獅
子」號的左側及正面圖，下一枚是「獅子」號牽引列車前進。

鐵道」的亨利・佛勒爵士（SIR HENRY FOWLER）而將「獅子」號買回來，作為「利物浦和曼徹斯特鐵道」一百周年慶典的展示紀念品。

1938年參加「倫敦和伯明罕鐵道」（LONDON AND BIRMINGHAM RAILWAY）一百周年慶典的動態展示。1953年被租用成為拍電影的動態道具，因而成為世界上還可以用蒸汽運轉的第二老舊機關車，最老舊的是英國製造在美國運轉的「約翰牛」（JOHN BULL）號蒸汽機關車。「獅子」號後來被移到「曼徹斯特科學和工業博物館」（MUSEUM OF SCIENCE AND INDUSTRY IN MANCHESTER）做靜態展示。2007年2月27日，「獅子」號從曼徹斯特被道路車輛載到利物浦做整修，準備在2010年新的「利物浦博物館」（MUSEUM OF LIVERPOOL）開幕再度重現於展示場。

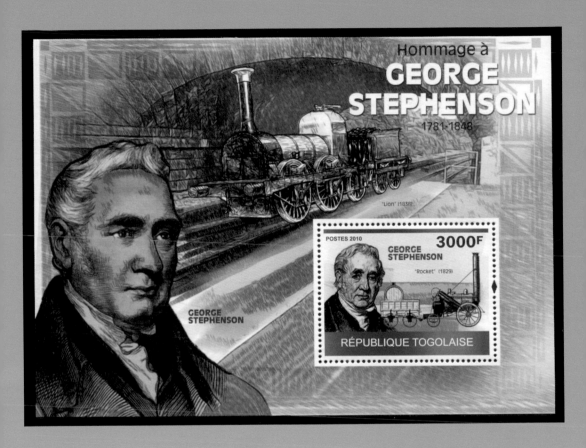

·位於西非的多哥共和國（RÉPUBLIQUE TOGOLAISE）在2010年發行一款小全張，標題是「向史提
芬生致敬」（Hommage à GEORGE STEPHENSON），圖案左下是史提芬生畫像，上方是1838年
的「獅子」（"Lion" (1838)）號蒸汽機關車。右下含一枚郵票，面值3000法郎，圖案左邊是史提芬
生畫像，主題是1829年的火箭號（"Rocket" (1829)）。

7. 1845年英國大交會鐵道（Grand Junction Railway）的「哥倫拜恩」（Columbine）號蒸汽機關車

1845年由阿力山大・阿連（ALEXANDER ALLEN）設計，大交會鐵道的克魯工廠（CREWE WORKS）製造，車軸採取「2-2-2」（兩個導輪、兩個動輪、兩個從輪）配置方式，車身重16.26噸，車身長11.938公尺。「哥倫拜恩」號是該工廠製造的第三輛機關車、克魯級動輪直徑六英寸的第一輛機關車。出廠後進入正常牽引行列達32年，接著轉入技術部改名為「技師波格諾」（ENGINEER BOGNOR），擔任牽引「檢查專用車廂」等較不繁重的職務，一直持續了25年，運轉狀況仍然良好，於是被保存於約克的國家鐵道博物館（NATIONAL RAILWAY MUSEUM AT YORK）。

· 位於南太平洋的吐瓦魯（TUVALU）的外土普（VAITUPU）在1985年3月7日發行一組世界領先者（LEADERS OF THE WORLD）機關車專題郵票，其中面值25分的圖案主題是1845年製造的「哥倫拜恩」（COLUMBINE）號蒸汽機關車，分成上下各一枚相連，上一枚是「哥倫拜恩」號的左側及正面圖，下一枚是「哥倫拜恩」號在機關車庫前運轉。

· 位於東南亞的寮國（LAO）在1997年發行一組世界著名機關車專題郵票，其中面值600K的圖案主題是1845年製造的「哥倫拜恩」（The Columbine）號蒸汽機關車正在前進中。

‧ 「哥倫拜恩」號蒸汽機關車保存於約克的國家鐵道博物館。

8. 1846年富爾尼司鐵道（Furness Railway）的「銅大頭」（Copper Nob）號蒸汽機關車

1846年由愛德華・貝里（EDWARD BURY）設計，曼徹斯特的費爾本與子（W. FAIRBURN & SON）工廠製造，車軸採取「0-4-0」（兩軸四個動輪）配置方式，動輪直徑1.4478公尺，車身重19.82噸，車身長11.227公尺。由於火爐室的頂部呈半圓球狀、外層用銅板覆罩，所以取名「銅大頭」。本車一直運轉到1900年初期，在當時被公認為尚在英國運轉的最古老蒸汽機關車。當第二次世界大戰期間「銅大頭」停在富爾尼司的巴羅（BARROW-IN-FURNESS）車站展示時曾受炸彈破壞，戰後經過整修，如今成為英國的國家珍藏保存品。●

・位於南太平洋的吐瓦魯（TUVALU）的那努馬加（NANUMAGA）在1985年4月3日發行一組世界領先者（LEADERS OF THE WORLD）機關車專題郵票，其中面值60分的圖案主題是1846年製造的「銅大頭」（COPPER NOB）號蒸汽機關車，分成上下各一枚相連，上一枚是「銅大頭」號的右側及正面圖，下一枚是「銅大頭」號牽引旅客列車前進。

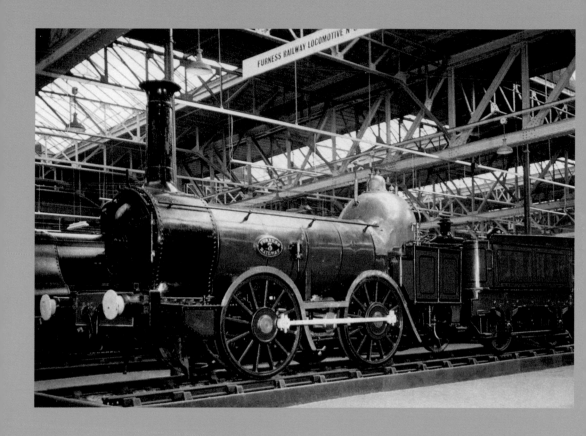

·「銅大頭」號蒸汽機關車保存於倫敦的英國交通博物館（Museum of British Transport, London）。

CHAPTER 3
鐵路開拓發展時代之二

本章所介紹的蒸汽機關車，在車體設計的最大特色是為了增加機關車的速度而將動輪直徑加大，其次是操控台開始加頂蓋。

1.「珍妮・林德」號車軸配置方式2-2-2，動輪直徑1.8288公尺

2.「史特令式、單軸動輪第一號」軸配置方式4-2-2，動輪直徑2.4638公尺

3.「哈德威克」號車軸配置方式4-4-0，動輪直徑2.0066公尺

4.「F級公爵」號車軸配置方式4-4-0，動輪直徑1.918公尺

5.「亮光」號車軸配置方式2-2-2，動輪直徑1.981公尺

6.「格拉德史通」號車軸配置方式0-4-2，動輪直徑1.981公尺

7.「第恩・貨物級」車軸配置方式0-6-0，動輪直徑1.575公尺

8.「第123」號車軸配置方式4-2-2，動輪直徑2.1336公尺

9.「群島君主」號車軸配置方式4-2-2，動輪直徑2.336公尺

1847年製造的「珍妮・林德」號操控台還未加頂蓋，1873年製造的「哈德威克」號操控台已經加頂蓋，在操控台的司機和司爐就不會被雨淋到。

1. 1847年「珍妮・林德」號蒸汽機關車（Jenny Lind locomotive）

「珍妮・林德」號是1847年5月里茲的威爾生公司為倫敦與布萊屯鐵道而製造的蒸汽機關車，取名「珍妮・林德」是當時非常著名的歌劇演唱家。珍妮・林德原名約翰娜・馬利亞・林德（JOHANNA MARIA LIND），1820年10月6日在瑞典出生，1887年11月2日在英國的馬爾汶（MALVERN）去世，是一位聞名歐美的女高音歌唱家，有「瑞典夜鶯」（SWEDISH NIGHTINGALE）之稱。英國的維多利亞女王很喜歡看她的表演，女王在1846年4月22日的日記上寫著：「她擁有最精緻、充滿力量，同時真的是最獨特的聲音，是那樣的圓滑、柔軟，又靈活。」她和德國的亨里耶特・頌塔格（HENRIETTE SONTAG，1806-1854）以及義大利的阿德琳娜・帕蒂（ADELINA PATTI，1843-1919）並稱為十九世紀三大夜鶯。

· 位 於 西 非 瀕 海 的 多 哥 共 和 國
（République Togolaise）在1979年
發行一組世界著名蒸汽機關車專題
郵票，其中面值200法郎的圖案主題
是1847年由「大衛·就依」（David
Joy）設計的「珍妮·林德」號
（Jenny Lind）蒸汽機關車。

· 位於南太平洋的吐瓦魯（TUVALU）的努
伊（NUI）在1987年8月6日發行一組世界
領先者（LEADERS OF THE WORLD）
機關車專題郵票，其中面值10分的圖案
主題是「珍妮·林德型」（JENNY LIND
TYPE）的「珍妮·林德」號（JENNY
LIND）蒸汽機關車，分成上下各一枚相
連，上一枚是「珍妮·林德」號的右側及
正面圖，下一枚是「珍妮·林德」號在鐵
道上牽引旅客列車前進。

· 瑞典（SVERIGE）在1975年3月25日為國際婦女年發行一組紀念郵票，其中面值1 Kr（Krona
的簡寫）的圖案主題是「珍妮·林德」肖像。本型設計者「大衛·就依」（David Joy）原本
是一位繪圖員，但是對各種機關車有深入研究，只要是他看過的機關車，就把它描繪下來，
並且請教機關車上的操控人員，將他們的回答筆記起來，如果情況許可，他還上機關車了解
實際運轉情形。由於「大衛·就依」的研究精神，得到威爾生公司老闆的信賴，就請他設計
新型的機關車。當時鐵道公司所追求的就是增加機關車的速度和牽引力，「大衛·就依」設
計裝置一個中型的高壓鍋爐直徑10英尺六英寸（即3.2公尺），車軸配置方式2-2-2（即2個導
輪、2個動輪、2個從輪），將動輪直徑加大到6英尺（即1.8288公尺）以增加速度，導輪和從
輪的直徑均為4英尺（即1.2192公尺），車身長40英尺4英寸（即12.2936公尺），總重量40.3
噸。由於「珍妮·林德號」的穩定性高，在測試運轉十分順利，因此得到不少訂單，共生產
了70輛，其中24輛是中部地區鐵道（Midland Railway）所訂購的。

2. 1870年「大北部鐵道」的「史特令式、單軸動輪」蒸汽機關車

英國大北部鐵道的史特令式、單軸動輪直徑8英尺（STIRLING 8 FT SINGLE）蒸汽機關車，由帕崔克・史特令（PATRICK STIRLING）設計，1870至1895年間在大北部鐵道的動喀斯特工廠（DONCASTER PLANT）生產，車身重65.98噸，車身長15.2908公尺，車軸配置方式是4-2-2，即4個導輪、2個動輪、2個從輪，動輪直徑實際是8英尺1英寸（2.4638公尺）。最初設計是作為牽引倫敦至約克（YORK）間的高速列車，本式共造了49輛，可以時速50英里（80公里）牽引275噸重的列車，直到1916年才全部退出營運。大北部鐵道的史特令式668號蒸汽機關車在1895年8月20日參加「向北方競賽」（RACE TO THE NORTH）快車速度，牽引東海岸幹線的快車，從國王十字車站到格蘭特罕（KING'S CROSS TO GRANTHAM）的路段超過105.5英里（169.78公里），只用了1小時41分，平均時速為62.67英里（100.86公里）。

・位於加勒比海的聖文森（ST. VINCENT）在1985年4月26日發行一組世界領先者（LEADERS OF THE WORLD）機關車專題郵票，其中面值40分的圖案主題是1870年製造的「史特令式單軸動輪第一號」（NO.1 STIRLING SINGLE）蒸汽機關車，該機關車曾在1877年及1880經過整修，圖案上所描繪的機關車大概是在1900年，分成上下各一枚相連，上一枚是「史特令式、單軸動輪第一號」的右側及正面圖，下一枚是「史特令式、單軸動輪第一號」牽引客運列車停在月台旁的軌道上。（目前保存於約克的國家鐵道博物館〔National Railway Museum, York〕）

接著在格蘭特罕換史特令式775號蒸汽機關車牽引，用了1小時16分完成到達約克的82英里（131.96公里）路段，平均時速為64.736英里（104.18公里）。最後從倫敦到愛丁堡（EDINBURGH）的393英里（632.45公里）路段，以6小時19分完成；從倫敦到阿伯丁（ABERDEEN，在蘇格蘭東北部的港都）的523英里（841.66公里）路段，以8小時40分完成（平均時速60.35英里相當於97.12公里）。

3. 1873年「倫敦和西北部鐵道」的「哈德威克號」蒸汽機關車

1873年由韋布（F. W. WEBB）設計、「倫敦和西北部鐵道」（LONDON AND NORTH WESTERN RAILWAY）的克魯工廠（CREWE WORKS）製造的「先例（PRECEDENT）級」「哈德威克（HARDWICKE原意是畜牧場LIVESTOCK FARM）號」蒸汽機關車。

註：「倫敦和西北部鐵道」成立於1846年，1923年被併入「倫敦、中部地區和蘇格蘭鐵道」〔London, Midland and Scotland Railway〕。

「哈德威克號」車身重67.9噸，車身長14.2875公尺，車軸採2-4-0配置方式（即2個導輪、4個動輪、沒有從輪），動輪直徑6英尺7英寸（2.0066公尺）。

「哈德威克號」代表「倫敦和西北部鐵道」在1895年參加「向北方競賽」（RACE TO THE NORTH），當年8月22日從克魯（CREWE）到卡萊爾（CARLISLE）的141英里（226.91公里）長路段只需2小時6分鐘，平均時速67.14英里（108.05公里），創下英國列車最快的平均時速記錄。

直到1882年，「先例級」共生產了90輛。到了1923年被併入「倫敦、中部地區和蘇格蘭鐵道」時，還有80輛仍在營運中，1930年代中期才全部退出營運。「哈德威克號」（序列編號790）很幸運地被保存起來當做國家鐵道收藏品的一部份，目前在約克的國家鐵道博物館做靜態展示。

· 位於加勒比海的聖文森附屬島的聯合島（UNION ISLAND-GRENADINES OF ST. VINCENT）在1984年12月18日發行一組世界領先者（LEADERS OF THE WORLD）機關車專題郵票，其中面值2.50元的圖案主題是1873年製造的「先例級」「哈德威克號」蒸汽機關車，分成上下各一枚相連，上一枚是「哈德威克號」的左側及正面圖，下一枚是「哈德威克號」牽引客運列車在軌道上前進。

4. 1874年「高地鐵道」的「F級公爵」號蒸汽機關車

高地鐵道（HIGHLAND RAILWAY）原本是是蘇格蘭北部高地地區的小鐵道，合併「因佛內斯和阿伯丁連接鐵道」（INVERNESS AND ABERDEEN JUNCTION RAILWAY）和「因佛內斯和伯斯連接鐵道」（INVERNESS AND PERTH JUNCTION RAILWAY）在1865年6月29日成立，之後再合併幾條鐵道，1923年被併入「倫敦、中部地區和蘇格蘭鐵道」（LONDON, MIDLAND AND SCOTLAND RAILWAY）。

F級又稱為公爵級，是大衛・鍾斯（DAVID JONES）首次為高地鐵道設計而作為牽引主要快車之用，車體比以往高地鐵道的蒸汽機關車來得大，也是當時英國出力最大的機關車。高地鐵道使用本級機關車牽引伯斯至因佛內斯（PERTH TO INVERNESS）的列車後，車程230公里的行車時間從原來的5小時45分縮短為4小時。第一批的十輛在格拉斯哥（GLASGOW）的丟布斯公司（DÜBS & CO.）製造，序列編號60號至69號，第67號

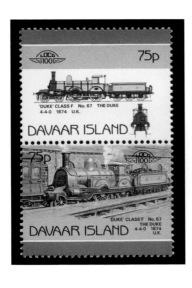

・位於英國西北部的雙點島（DAVAAR ISLAND，DAVAAR即英文Double-pointed之意）發行一組世界領先者（LEADERS OF THE WORLD）機關車專題郵票，其中面值75便士（即0.75英鎊）的圖案主題是「F級」的「公爵」號蒸汽機關車，分成上下各一枚相連，上一枚是「公爵」號的左側及正面圖，下一枚是「公爵」號停在車站的鐵道上。

命名公爵（THE DUKE）號在1874年8月造成，後續非常相似的15輛在1876年至1888年間製造，到了1901年所有的25輛改稱為F級。公爵號在1877年改名為「克羅僑替」（CROMARTIE），1889年和1898年經過兩次改造，到了1923年退出營運，本級機關車都沒有保存下來。公爵號車身重73.5噸，車身長15.621公尺，車軸採4-4-0配置方式（即4個導輪、4個動輪、沒有從輪），動輪直徑1.918公尺。

5. 1881年「倫敦、布萊屯和南海岸鐵道」的「G級」「亮光」號蒸汽機關車

倫敦、布萊屯與南海岸鐵道（LONDON, BRIGHTON & SOUTH COAST RAILWAY）的「G級」（G CLASS）蒸汽機關車在1870年至1889年間由威廉・史特勞德里（WILLIAM STROUDLEY）設計、該鐵道的布萊屯工廠（BRIGHTON WORKS）製造，車身重69.1噸，車身長15.29公尺，車軸配置方式2-2-2（即2個導輪、2動輪、2個從輪），動輪直徑78英寸（即1.981公尺）。

・位於南太平洋的吐瓦魯（TUVALU）的那努枚亞（NANUMEA）在1984年4月16日發行一組世界領先者（LEADERS OF THE WORLD）機關車專題郵票，其中面值60分的圖案主題是1881年製造的「G級」的「亮光」（FAIRLIGHT）號蒸汽機關車，分成上下各一枚相連，上一枚是「亮光」號的右側及正面圖，下一枚是行進間的「亮光」號。「亮光」號是在1877年至1882年間製造26輛中的一輛，作為牽引造型優雅的客運快車之用，可牽引120噸重的列車，在倫敦、玻格諾、樸資茅斯（London, Bognor and Portsmouth）間的幹線上運轉，1909年退出營運。

註：玻格諾是瀕英國南部海岸的休閒地、樸資茅斯是英國南部海岸的大港都。

6. 1882年「倫敦、布萊屯和南海岸鐵道」的「格拉德史通級」蒸汽機關車

在1882年至1889年間由威廉‧史特勞德里（WILLIAM STROUDLEY）設計、該鐵道的布萊屯工廠（BRIGHTON WORKS）製造，車身重69.2噸，車身長15.926公尺，車軸配置方式0-4-2（即無導輪、4個動輪、2個從輪），「沒有裝置導輪僅裝置兩軸大動輪」是本級的最大特色，動輪直徑78英寸（即1.981公尺）。本級蒸汽機關車主要作為牽引快車之用，正常運轉時速可達到60英里（96公里）。本級在1910年起開始退出營運，直到1933年全部退出營運。

‧ 位於加勒比海的貝基亞（BEQUIA）在1984年2月22日發行一組世界領先者（LEADERS OF THE WORLD）機關車專題郵票，其中面值10分的圖案主題是1882年製造的「格拉德史通級」（GLADSTONE CLASS）的「格拉德史通」（GLADSTONE）號蒸汽機關車，分成上下各一枚相連，上一枚是「格拉德史通」號的左側及正面圖，下一枚是「格拉德史通」號牽引快車停在月台旁的軌道上。「格拉德史通」號在1927年退出營運後，被史提芬生機關車協會（Stephenson Locomotive Society）購買作為保存之用，目前在約克的國家鐵道博物館（National Railway Museum, York）展示。

· 「格拉德史通」號蒸汽機關車保存於約克的國家鐵道博物館。

7. 1883年「大西部鐵道」的「第恩・貨物（Dean Goods）級」（又稱為2301級）蒸汽機關車

由威廉・第恩（WILLAM DEAN）主任機械技師設計、大西部鐵道的史文敦（SWINDON）工廠在1883年至1897年間製造，共生產了280輛（編號2301-2580），車身重75噸，車身長15.608公尺，車軸配置方式0-6-0（即無導輪、6個動輪、無從輪），動輪直徑60英寸（即1.575公尺）。本級的構造簡單，尤其是配置三軸動輪，牽引力較大，所以英國的作戰部在第一和第二次世界大戰期間，將「第恩・貨物級」配置到歐洲大陸戰場牽引列車，甚至送到北非戰場，還有幾輛曾在中國大陸的鐵路上運轉。直到1952年，已經運轉了六十多年才退出營運，其中一輛編號2516被珍藏於史文敦蒸汽鐵道博物館（SWINDON STEAM RAILWAY MUSEUM）做靜態展示。

・位於加勒比海的聖文森（ST. VINCENT）在1984年7月27日發行一組世界領先者（LEADERS OF THE WORLD）機關車專題郵票，其中面值50分的圖案主題是1883年製造的「第恩・貨物級」蒸汽機關車，分成上下各一枚相連，上一枚是「第恩・貨物級」的左側及正面圖，下一枚是「第恩・貨物級」在軌道上牽引客運快車前進。

8. 1886年「加累多尼亞鐵道」的「123級」第123號蒸汽機關車

加累多尼亞鐵道（CALEDONIAN RAILWAY）在1886年委由格拉斯哥的內爾生公司（NEILSON AND COMPANY）製造的「123級」第123號蒸汽機關車，車身重76.52噸，車身長15.78公尺，車軸配置方式4-2-2（即4個導輪、2個動輪、2個從輪），動輪直徑7英尺（即2.1336公尺）。「123級」第123號蒸汽機關車在加入正式營運前，曾參加1886年愛丁堡國際展覽會（EDINBURGH INTERNATIONAL EXHIBITION）的比賽，展現出製造廠的精湛工藝，因而獲得金牌獎。

註：加累多尼亞鐵道在1845成立於蘇格蘭西南部的卡萊爾（Carlisle），依照1921年的「鐵道法案」，在1923年被併入「倫敦、中部地區和蘇格蘭鐵道」（London, Midland and Scottish Railway），當時的營運路線長1114.4 英里（1793.5 公里）。

· 位於加勒比海的聖文森附屬島的聯合島（UNION ISLAND-GRENADINES OF ST. VINCENT）在1987年7月22日發行一組世界領先者（LEADERS OF THE WORLD）機關車專題郵票，其中面值25分的圖案主題是1886年製造的「123級」蒸汽機關車，分成上下各一枚相連，上一枚是漆藍色的「123級」的右側及正面圖，下一枚是三輛漆藍色的「123級」在車庫前軌道上運轉。

該鐵道成立時，英格蘭和蘇格蘭的鐵路線尚未相連接。從蘇格蘭最大都市的格拉斯哥（GLASGOW）到倫敦最快的行程是從格拉斯哥搭汽船到英格蘭西北部的海港利物浦（LIVERPOOL），然後再換乘鐵路客運快車到倫敦。1849年加累多尼亞鐵道的主幹線（從卡萊爾經格拉斯哥到愛丁堡）完成後，從倫敦到格拉斯哥之間的全程就可以搭乘鐵路客運快車，此段後來成為英國西海岸幹線（WEST COAST MAIN LINE）的北段。「123級」第123號蒸汽機關車得獎後，就開始牽引卡萊爾與格拉斯哥間的快車。1888年8月還參加東海岸幹線和西海岸幹線鐵道公司的「向北方競賽」（RACE TO THE NORTH）快車速度，東線、西線的快車都從倫敦出發分別向北方的愛丁堡（東線的終點站）或格拉斯哥（西線的終點站）奔馳，比賽誰是最快速的列車，「123級」第123號是唯一全部期間參與的加累多尼亞鐵道蒸汽機關車。後來主要用於牽引鐵道公司董事的沙龍列車和皇家列車的特殊任務，1935年又回到牽引一般列車的正常運轉，過了5年退出運轉，被加累多尼亞鐵道保存作為靜態展示。1958年英國鐵道公司使她恢復運轉，牽引特殊列車。到了1961年「123級」第123號蒸汽機關車才做最後退役，保存於格拉斯哥的交通博物館（GLASGOW MUSEUM OF TRANSPORT）。

9. 1895年「大西部鐵道」的「阿器禮司級」「群島君主」號蒸汽機關車

大西部鐵道的「阿器禮司（ACHILLES）級」蒸汽機關車在1892年至1899年間製造，共生產了80輛，車身長17.145公尺，車身重82.8噸，車軸配置方式4-2-2（即4個導輪、2個動輪、2個從輪），動輪直徑7英尺8英寸（即2.336公尺），本級蒸汽機關車並沒有被保存下來。

· 位於加勒比海的內維斯（NEVIS）在1985年8月31日為紀念大西部鐵道創立150周年（150th ANNIVERSARY OF THE GREAT WESTERN RAILWAYS 1835～1935印在郵票圖案的上緣）發行一組著名蒸汽機關車及設計師專題郵票，採左右聯刷方式印製，其中面值50分的右聯圖案主題是1895年在史文敦製造的「阿器禮司級」的「群島君主」號（LORD OF THE ISLES A FAMOUS ACHILLES CLASS 4-2-2 BUILT AT SWINDON IN 1895）蒸汽機關車停在月台旁的軌道上、左聯圖案主題是威廉‧第恩（WILLIAM DEAN）主任機械技師（阿器禮司級蒸汽機關車的設計師）的肖像。

· 位於南太平洋的吐瓦魯（TUVALU）在1984年2月29日發行一組世界領先者（LEADERS OF THE WORLD）機關車專題郵票，其中面值60分的圖案主題是「阿器禮司級」的「群島君主」號蒸汽機關車，分成上下各一枚相連，上一枚是「群島君主」號的左側及正面圖，下一枚是「群島君主」號正從一座陸橋下經過。「群島君主」號在1908年退出營運。

10. 1902年「中部地方鐵道」的1000 級蒸汽機關車

1000級蒸汽機關車是「中部地方鐵道」為牽引旅客列車、由主任機械技師沙謬爾・衛特・鍾森（SAMUEL WAITE JOHNSON，1831～1912）設計，1902年至1909年由得比工廠（DERBY WORKS）承造45輛，車軸配置採4-4-0型（4個導輪、4個動輪、無從輪），導輪直徑1.080公尺、動輪直徑2.134公尺，裝置3個汽缸：一個高壓式的汽缸裝置在車體框架內、兩個低壓式的汽缸則裝置在車體外，在1914年改裝過熱蒸汽發生裝置（SUPERHEATER簡稱過熱器）。1000級在「中部地方鐵道」和「倫敦、中部地方和蘇格蘭鐵道」（1923年至1947年）時期的編號是1000～1044，英國國有鐵道時期改為41000～41044。1000級的第一輛編號1000在1959年退出營運，由於維護得相當良好如同1914年改裝後的車況，現今由位於約克的國家鐵道博物館（NATIONAL RAILWAY MUSEUM IN YORK.）保存，並出租給「蘇格蘭鐵道保存協會」（SCOTTISH RAILWAY PRESERVATION SOCIETY）做靜態展示。

· 圖片是1000級的「1000號」蒸汽機關車保存於倫敦的「英國交通博物館」（Museum of British Transport，1963年至1972年）時所拍照。「1000號」在1975年被移到當時新成立的國家鐵道博物館。

11. 1902年「大西部鐵道」的「3700級或城市級」蒸汽機關車

「3700級或城市級」（3700 Class, or City Class）蒸汽機關車是「大西部鐵道」為牽引旅客快速列車、由主任機械技師邱取瓦德（George Jackson Churchward）設計，1902年至1909年由史文敦工廠（Swindon Works）承造，車身長17.125公尺，車身重93.6噸，車軸配置採4-4-0型（4個導輪、4個動輪、無從輪），導輪直徑0.965公尺、動輪直徑2.045公尺，裝置2個汽缸。

一輛「軋巴拉」級編號「3405」取名「模里西斯」（Atbara Class, no.3405 Mauritius,）在1902年9月換裝錐形鍋爐，此款鍋爐成為標準4號鍋爐的原型。第一輛城市級編號「3433」（1912年改為3710號）取名「巴斯市」（City of Bath）在1903年3月製成，裝置標準4號鍋爐的最後形（the final form of the Standard No.4 boiler），另外的九輛編號「3434至3442」則在1903年5月製成。1907年2月至1908年12月，「軋巴拉」級編號「3400至3404」以及「3406至3409」等九輛換裝標準4號鍋爐後被併入城市級，所以城市級蒸汽機關車共有20輛，在1927年10月至1931年5月之間陸續退出營運。

・位於加勒比海的貝基亞
（BEQUIA）在1984年2月
22日發行一組世界領先者
（LEADERS OF THE WORLD）
機關車專題郵票，其中面值2元的
圖案主題是1904年創世紀錄的
「處羅市」（CITY OF TRURO）
號蒸汽機關車，分成上下各一枚
相連，上一枚是「處羅市」號的
左側及正面圖，下一枚是「處羅
市」號停在車庫前的軌道上。

本級中最有名氣的一輛是編號
「3440」（1912年改為3717號）取名
「處羅市」（CITY OF TRURO位於英
國的最西南端），1903年4月製成出廠
時是史文敦工廠製造的第2000輛機關
車，在1904年5月9日創下超過時速100
英里的世界紀錄，也是本級唯一被保存
的機關車，現今歸屬於約克的國家鐵道
博物館。

1904年5月9日，「處羅市」號牽引
「海洋郵輪」號（OCEAN MAILS）特
快列車從「普利茅斯」到「倫敦的巴丁
屯車站」（PLYMOUTH TO LONDON
PADDINGTON）的途中，以8.8秒
快速通過兩個四分之一英里的標柱
（TWO QUARTER-MILE POSTS）間
的路段，列車上有一位「鐵道雜誌」
（THE RAILWAY MAGAZINE）和
其他雜誌的記者羅馬天（CHARLES
ROUS-MARTEN）用計時錶紀錄下
來，換算成時速102.3英里（164.6公
里），如果以9秒換算剛好是時速100
英里（160.93公里）。●

CHAPTER 4
鐵路機關車競賽時代

1.「飛快的蘇格蘭人」（Flying Scotsman）號特快列車

特快列車誕生的背景

在十九世紀中期前，英國東海岸幹線的各路段分別由幾家小規模鐵道公司興建，當時為了使得倫敦和蘇格蘭首府愛丁堡間的鐵道交通能一路順暢，減少乘客換車、等車的不方便，於是鐵道業者整合成「北英國鐵道」（NORTH BRITISH RAILWAY）、「東北部鐵道」（NORTH EASTERN RAILWAY）、「大北部鐵道」（GREAT NORTHERN RAILWAY）三家鐵道公司。1860年由上述三家公司組成「東海岸合股公司」（EAST COAST JOINT STOCK），並且達成協議，從倫敦到愛丁堡的直達路線共同使用「飛快的蘇格蘭人」號特快列車。

1862年「飛快的蘇格蘭人」號特快列車開始營運，每天早上十點從倫敦的國王十字車站（KING'S CROSS STATION）出發，晚上八點半到達愛丁堡的瓦佛累車站（WAVERLEY STATION）。原來的乘車時間是十個半小時，包括中途停靠約克（YORK）站休息半小時使用中餐。為了提升列車的競爭力，於是改善鐵道技術（主要是機關車的行車速度提升），使得行車

時間在1888年減為八個半小時。到了1900年，車廂的設備現代化，在冬季提供暖氣，列車中加掛餐車、提供飲料的酒吧車，旅客可以在車上用餐，因此在約克站的休息時間減為15分鐘，但是跑完全程仍然需要八個半小時。

倫敦和東北部鐵道的成立

倫敦和東北部鐵道（LONDON AND NORTH EASTERN RAILWAY，簡稱為LNER）係根據英國1921年頒佈的鐵道法（RAILWAYS ACT 1921）在1923年1月1日成立，直到第二次世界大戰後英國政府根據1947年的運輸法（TRANSPORT ACT 1947）實施鐵道國營化至1948年1月1日為止。營業區域包含現今英國鐵道的東區、東北區和部分的蘇格蘭區。

倫敦和東北部鐵道是由下列各鐵道合組而成：

1.大東部鐵道（GREAT EASTERN RAILWAY）

2.大中部鐵道（GREAT CENTRAL RAILWAY）

3.大北部鐵道（GREAT NORTHERN RAILWAY）

4.蘇格蘭大北鐵道（GREAT NORTH OF SCOTLAND RAILWAY）

5.哈爾和班思雷鐵道（Hull and Barnsley Railway）

6.北英國鐵道（North British Railway）

7.東北部鐵道（North Eastern Railway）

組合後的營業路線總里程數是6590英里（10,605公里），車輛部份包括7700輛蒸汽機關車、20000輛客運車廂、29700輛貨運車廂；6輛電力機關車、10輛軌道燃油動力車。

A1級4-6-2型蒸汽機關車

· 位於非洲西部的甘比亞（The Gambia）發行一組機關車專題郵票，其中面值D4的圖案主題是1922年4月開始加入運轉的英國A1級4-6-2型蒸汽機關車牽引「飛快的蘇格蘭人」號特快列車。

LES TRAINS ANTIQUES BRITANNIQUES
LES MOYENS DE TRANSPORT

SPÉCIFICATION LNER class A1 4-6-2 1922-4
PROJETEUR: Nigel Gresley
CONSTRUCTEUR: Doncaster works, North British
Locomotive works, Glasgow
LONGUEUR: 70ft 5ins (21,47m)
POIDS: 148 tonnes
DIAMETRE DE LA ROUE MOTRICE: 6ft 8ins (2,03m)
PRESSION DE LA CHAUDIERE: 180 psi
DIAMETRE DE LA CHAUDIERE: 6ft 5ins (1,96m)
SUPERFICIE DE LA GRILLE: 41,25sq ft (3,83sq m)
CYLINDRES: 20ins diametre x 26ins course
(50,80cm x 66,04cm)
EFFORT MAXIMUM DE TRACTION: 29,835lb (13,533kg)
CAPACITE EN EAU: 5000 gallons (6000 US)
(22,730 litres)

Stirling 8ft single 4-4-2 1870-95

REPUBLIQUE DEMOCRATIQUE DU CONGO

LNER class
A1 4-6-2 1922-4

530 FC.
POSTES 2006

· 2006年位於非洲中部的剛果民主共和國（REPUBLIQUE DEMOCRATIQUE DU CONGO）發行一款「英國古董列車」「運輸方式」（LES TRAINS ANTIQUES BRITANNIQUES / LES MOYENS DE TRANSPORT）專題小全張，圖案左半部是英國大北部鐵道的史特令式（1870至95年間生產）、單軸動輪直徑8英尺（Stirling 8 ft single）第一號蒸汽機關車（目前保存於約克的國家鐵道博物館），車軸配置方式是4-2-2，即4個導輪、2個動輪（實際直徑是8英尺1英寸即2.4638公尺）、2個從輪，小全張左下文字說明車軸配置方式是4-4-2，最初設計是作為牽引倫敦至約克間的高速列車，本式共造了49輛，可以時速50英里牽引275噸重的列車。大北部鐵道的史特令式668號蒸汽機關車在1895年8月20日參加「向北方競賽」（Race to the North）快車速度，牽引東海岸幹線的快車，從國王十字車站到格蘭特罕的路段超過105.5英里，只用了1小時41分，平均時速為62.67英里（100.86公里）。接著在格蘭特罕換史特令式775號蒸汽機關車牽引，用了1小時16分完成到達約克的82英里路段，平均時速為64.736英里（104.18公里）。最後從倫敦到愛丁堡路段，以6小時19分完成；從倫敦到阿伯丁的523英里路段，以8小時40分完成（平均時速60.35英里相當於97.12公里）。

圖案右半部下方含一款面值530FC（剛果法郎），圖案主題是1922至24年倫敦和東北部鐵道（LNER）使用的A1級4-6-2型（4個導輪、6個動輪、2個從輪）蒸汽機關車。

圖案右半部上方是A1級4-6-2型蒸汽機關車的重要諸元說明（SPECIFICATION）

設計者：奈節爾·葛雷茲利（Nigel Gresley）

製造廠：動喀斯特工廠，北英國機關車工廠，格拉斯哥

長度：70英尺5英寸（21.47公尺）

重量：148噸

動輪直徑：6英尺8英寸（2.03公尺）

鍋爐壓力：180 psi（pounds per square inch每平方英寸承受一磅）

鍋爐直徑：6英尺5英寸（1.96公尺）

爐室表面積：41.25平方英尺（3.83平方公尺）

汽缸：直徑20英寸×長26英寸（50.80公分×66.04公分）

最大牽引力：29835磅（13533公斤）

水箱容量：5000加侖（美國規格6000加侖）（22730公升）

「飛快的蘇格蘭人」蒸汽機關車

A1級4-6-2型蒸汽機關車的改良型就是A3級。

過熱器面積：從525平方英尺增加到1104平方英尺。

鍋爐壓力：從180 PSI增加到220 PSI。

最大牽引力：從29835磅增加到36465磅。

倫敦和東北部鐵道在1923年成立時，由首席機械技師（CHIEF MECHANICAL ENGINEERS）奈節爾‧葛雷茲利爵士（SIR NIGEL GRESLEY，1876～1941）設計、動喀斯特工廠（DONCASTER WORKS）製造的A3級太平洋型蒸汽機關車（CLASS A3 PACIFIC LOCOMOTIVE）編號1472（後來改為4472）取名「飛快的蘇格蘭人」（FLYING SCOTSMAN）在1923年2月7日造成，動輪直徑80英寸（2.032公尺），車身長70英尺（21.336公尺），最快時速110英里（約177公里）。

註：所謂太平洋型是指「導輪2軸、動輪3軸、從輪1軸」的車軸配置方式。

至於取名「飛快的蘇格蘭人」有雙重意義，第一是牽引「飛快的蘇格蘭人」號特快列車、第二是由南部的英格蘭開往北部的蘇格蘭。

行經路線是東海岸線，由首都倫敦的國王十字車站出發，中途停靠動喀斯特（DONCASTER）、里茲（LEEDS）、約克（YORK），到達太因河的新堡（NEWCASTLE-UPON-TYNE）或蘇格蘭首府愛丁堡（EDINBURGH）。

1924和1925年曾代表鐵道參加在倫敦的溫布萊（WEMBLEY）所舉行的大英帝國展覽會（THE BRITISH EMPIRE EXHIBITION），在當時將機關車編號改為4472。

1928年5月1日曾牽引「飛快的蘇格蘭人」號特快列車，第一次從倫敦到愛丁堡633公里間做中途不停之快速運轉，結果以8小時15分跑完全程。為了達到中途不停，必需解決兩個技術問題，第一、司機無法連續操控8小時都不休息，所以在途中得換手，因此位於機關車和第一節客運車廂間的炭水車一側設置走廊通道（CORRIDOR），供換手司機通過。第二、長程運轉時，機關車必需補充產生蒸汽的清水，要添水就得停在站內的水塔，中途不停如何添水，於是工程師就在地勢平坦、路段筆直的軌道旁挖掘長達數百公尺的水渠（WATER TROUGH），在途中司機見到水渠就放慢速度然後將水箱中的水管丟入水渠接著進行抽水。

進入1930年代英國鐵道遭到私家汽車和新興的民航機競爭，倫敦和東北部鐵道於是決定縮短「飛快的蘇格蘭人」號行車時間，從8小時15分減到7小20分。1934年11月30日「飛快的蘇格蘭人」機關車創下時速超過100英里（160公里）的世界記錄，而且得到官方的正式認證，成為陸上軌道車輛的速度記錄（LAND SPEED RECORD FOR RAILED VEHICLES）保持者。在第二次世界大戰期間，編號再度改為103。1948年鐵道國營化後，編號又再度改為60103。在戰後。1945至1955年期間，「飛快的蘇格蘭人」機關車將列車的行車時間縮短到全程只需七小時。

1963年1月14日做最後一次牽引列車的正式運轉後，英國國營鐵道將它賣給一位英國鐵道車輛珍藏家皮革勒（ALAN PEGLER）。進行整修後到英國各地展開鐵道之旅，1968做了一次倫敦至愛丁堡的中途不停運轉。

「4472飛快的蘇格蘭人」成為英國第一輛有兩節炭水車的蒸汽機關車

・「4472飛快的蘇格蘭人」號蒸汽機關車在1966年加掛一節炭水車，成為英國第一輛
有兩節炭水車的蒸汽機關車，於是載水量增加了6000加侖，使得行程可延長兩百多
英里。

「4472飛快的蘇格蘭人」到美國各地作巡迴展示

1969年到美國各地作巡迴展示，在美國造成轟動，最初吸引不少鐵道迷，但是熱潮一過，逐漸失去財務上的支援，1972年宣告破產。

（郵票實際尺寸：圖片尺寸=1：0.6）

· 「4472飛快的蘇格蘭人」號蒸汽機關車在1969年前往美國做巡迴展示的紀念信封，右上貼6分的美國郵票（紀念美國已故總統艾森豪），蓋費城郵局1969年10月21日的日期郵戳，中下貼「4472飛快的蘇格蘭人」號貼紙，蓋「4472飛快的蘇格蘭人」號運載紀念信封的菱形紀念章，紀念章上排刻印「CARRIED COVER」即「運載的信封」之意；最中刻印「FLYING SCOTSMAN」即「飛快的蘇格蘭人」之意；下排刻印「New York to Philadelphia」即「紐約至費城」之意。

「4472飛快的蘇格蘭人」返回英國

總算很幸運，1973年1月找到新的金主「威
廉‧麥克阿爾頻」（WILLIAM MCALPINE）
接手後，由「加州之星」（CALIFORNIA
STAR）18,500噸貨櫃船運回英國整修。

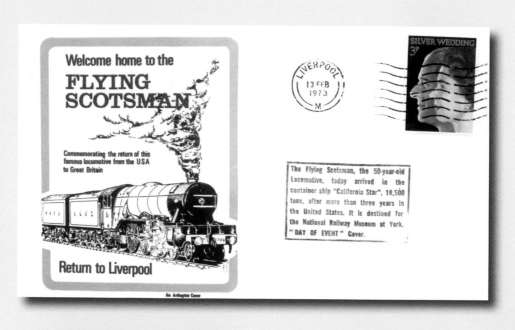

（郵票實際尺寸：圖片尺寸=1：0.65）

‧「歡迎飛快的蘇格蘭人返家」（Welcome home to the FLYING SCOTSMAN）的紀念
信封，信封中印著「紀念此著名機關車由美國返回英國」（Commemorating the return
of this famous locomotive from the USA to Great Britain）、「回到利物浦」（Return
to Liverpool），右上貼3便士的英國郵票（紀念英國女王伊莉莎白二世銀婚SILVER
WEDDING），蓋利物浦郵局1973年2月13日的日期郵戳。

「4472飛快的蘇格蘭人」到澳洲參加建國兩百周年慶典活動

1988年到澳洲參加建國兩百周年慶典活動，曾創下另一項新的世界記錄，就是從新南威爾斯邦（NEW SOUTH WALES）的帕克斯（PARKES）到斷丘（BROKEN HILL）長達442英里（711公里）的中途不停運轉，成為世界上蒸汽機關車最長距離的中途不停運轉。1996年馬清屯博士（DR. TONY MARCHINGTON）買下「飛快的蘇格蘭人」機關車，動用了75萬英鎊使得機關車回復到可運轉狀況。到2004年持有者的債台高築，只得再度拍賣出去，被約克的國家鐵道博物館購得，2006年進行18個月的大整修，大概持續到2007年底。

位於澳洲新南威爾斯（NEW SOUTH WALES）邦的設爾梅爾（THIRLMERE）小鎮，在雪梨（SYDNEY）西南方89公里處，澳洲的大南部鐵道（GREAT SOUTHERN RAILWAY）在1863年至1867年興建，其中一段路線經過該鎮的原因是附近有一個設爾梅爾湖可以提供蒸汽機關車所需的水。1919年大南鐵道將主線移到坡度較小的路段，原來由「皮克屯會合站」（PICTON JUNCTION）到「密塔貢會合站」（MITTAGONG JUNCTION）的路段改稱為「皮克屯環狀線」（PICTON LOOP LINE），載客營運直到1978年為止。1962年成立的新南威爾斯鐵運博物館（NEW SOUTH WALES RAIL TRANSPORT MUSEUM）原來設在雪梨的郊區，到了1970年代中期因鐵路發展計畫被迫遷移，該館在1975年重新開業，選定「皮克屯環狀線」從「設爾梅爾」站到「巴克斯屯」（BUXTON）站間的14公里作為該館運轉保存機關車的路段，該段鐵道稱為「設爾梅爾鐵道」（THIRLMERE RAILWAY）。每年三月的第一個星期日舉行「設爾梅爾蒸汽車節慶」（THIRLMERE FESTIVAL OF STEAM），將保存的各種蒸汽機關車做公開表演，為該鎮吸引兩萬人的觀光客和鐵道迷，該館也多次提供從雪梨到設爾梅爾的蒸汽機關車牽引客運列車之旅。

THIRLMERE RAILWAY

FLYING SCOTSMAN

Australia's
Bicentennial Trains — 1989

Australian
Railway Letter Stamps

「設爾梅爾鐵道」在1989年配合澳洲建國兩百周年列車（Australia's Bicentennial Trains）慶典活動，特別邀請「4472飛快的蘇格蘭人」號蒸汽機關車做牽引客運列車之旅，並且發行一組鐵道信件郵票（Railway Letter Stamps），由四款郵票合成小全張，每一款的面值1.50澳元。圖案主題分別為：

· 左上：「4472飛快的蘇格蘭人」號運抵雪梨港（左上角可以看到雪梨的跨港灣鐵橋）正用吊具卸到碼頭。
· 左下：「4472飛快的蘇格蘭人」號和澳洲的「5910」蒸汽機關車以兩輛相連方式牽引旅客列車。
· 右上：「4472飛快的蘇格蘭人」號和澳洲的「5910」「3001」蒸汽機關車以三輛相連方式牽引旅客列車經過陡坡路段的磚造橋。
· 右下：「4472飛快的蘇格蘭人」號牽引旅客列車正通過車站，因「4472飛快的蘇格蘭人」號的耗水量大，所以在長途運轉時炭水車之後加掛一節水箱車。

· 格雷那達（GRENADA）在1982年10月4日發行　組世界著名的蒸汽機關車及列車專題郵票，其中面值90C分的圖案主題是英國的A3級4-6-2型（4個導輪、6個動輪、2個從輪）蒸汽機關車「飛快的蘇格蘭人」牽引連結倫敦和蘇格蘭首府愛丁堡的特快列車「飛快的蘇格蘭人」號，由於飛快的的行車速度，吸引不少乘客。

· 1985年5月14日庫克群島（COOK ISLANDS）發行行一組世界著名的蒸汽機關車及列車專題郵票，其中面值2.20元的圖案主題是英國的「飛快的蘇格蘭人」蒸汽機關車牽引「飛快的蘇格蘭人」號特快列車正離開車站，機關車前面下方橫檔板漆著4472編號，畫面的最左邊是車站的給水柱及注入炭水車的水管。

· 1984年11月5日位於南非的賴索托（LESOTHO）發行一組世界鐵道著名機關車專題郵票，其中一款面值1 M的圖案主題是1934年倫敦和東北部鐵道（LNER）的「飛快的蘇格蘭人」蒸汽機關車牽引「飛快的蘇格蘭人」號特快列車。

・位於印度洋的馬爾地夫（MALDIVES）在2004年為紀念蒸汽機關車發明兩百周年發行一款小全張，小全張的畫面是1831年蘇格蘭的嘎恩克爾克和格拉斯哥鐵道（GARNKIRK AND GLASCOW RAILWAY）開通的情景，小全張的右上方含一枚面值RF 30的郵票，圖案主題是「飛快的蘇格蘭人」蒸汽機關車牽引「飛快的蘇格蘭人」號特快列車。

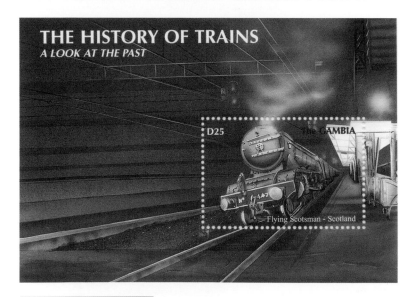

・位於西非的甘比亞（The GAMBIA）曾發行一款小全張，畫面左上印著兩行英文：「THE HISTORY OF TRAINS」、「A LOOK AT THE PAST」，即：「列車的歷史」、「注視過去」，內含一枚面值D25的郵票，圖案是「飛快的蘇格蘭人」蒸汽機關車牽引「飛快的蘇格蘭人」號特快列車在夜晚正經過車站的月台。

· 1983年10月13日位於加勒比海的聖路西亞（ST. LUCIA）發行一組世界領先者（LEADERS OF THE WORLD）機關車專題郵票，其中面值2元的圖案主題是1923年英國的「飛快的蘇格蘭人」蒸汽機關車，分成上下各一枚相連，上一枚是「飛快的蘇格蘭人」的左側及正面圖，下一枚是「飛快的蘇格蘭人」蒸汽機關車牽引「飛快的蘇格蘭人」號特快列車從陸橋下經過。

1963年「飛快的蘇格蘭人」蒸汽機關車從英國鐵道退休後，「飛快的蘇格蘭人」號特快列車改由出力2460馬力的55級「得爾迪」式（CLASS 55 'DELTIC'）柴油發電機關車牽引。

55級「得爾迪」式柴油發電機關車由英國電機（ENGLISH ELECTRIC）公司在1961至1962年間製造，共造了22輛，最初的編號是D9000號至D9021號，後來依據英國國營鐵道的總體操作處理系統（TOTAL OPERATIONS PROCESSING SYSTEM，簡稱為TOPS），編號改為55 001號至55 022號（55表示55級之意），運轉到1980年至1982年為止。車軸配置方式採CO-CO即前後各裝置一組台車，每組台車裝三軸車輪，車輪直徑為1.092公尺。使用兩具那皮爾·得爾迪（NAPIER DELTIC）式發動機，DELTIC是源自希臘字母（GREEK LETTER）的DELTA，而DELTA又指三角形之意，因為該款發動機的汽缸有三個圍成倒三角形排列，每個角尖處就是機軸（CRANKSHAFTS），每具發動機出力1650匹馬力。車身長21.18公尺，車身重106.4噸，最快時速160公里。

· 1983年12月8日聖文森（ST. VINCENT）發行一組世界領先者（LEADERS OF THE WORLD）機關車專題郵票，其中面值10分的圖案主題是1961年製造的55級「得爾迪」（DELTIC）式第一輛柴油發電機關車「皇家蘇格蘭老練」（ROYAL SCOTS GREYS，在1982年1月2日退休）號，分成上下各一枚相連，上一枚是「皇家蘇格蘭老練」號的左側及正面圖，下一枚是「皇家蘇格蘭老練」號機關車牽引「飛快的蘇格蘭人」號特快列車通過車站。

2.「皇家蘇格蘭人」（Royal Scot）號豪華特快列車

1862年6月1日上午十點第一列取名「皇家蘇格蘭人」（ROYAL SCOT）號的豪華特快列車從倫敦的尤斯屯（LONDON EUSTON）車站出發前往蘇格蘭最大的都市（全英國人口第三多的都市）—格拉斯哥（GLASGOW），最初是由「倫敦和西北部鐵道」（LONDON AND NORTH WESTERN RAILWAY，簡稱LNWR）的「先驅者級」（PRECURSOR CLASS）蒸汽機關車牽引。1928年改由「倫敦·中部地方和蘇格蘭鐵道」（LONDON MIDLAND AND SCOTTISH RAILWAY，簡稱LMS，在1923年合併三十多家鐵道公司而組成）的「皇家蘇格蘭人級」（ROYAL SCOT CLASS）蒸汽機關車牽引，之後由「皇家公主級」和「加冕公主級」（LMS PRINCESS ROYAL CLASS AND LMS PRINCESS CORONATION CLASS）蒸汽機關車牽引。

自從1862年起，「皇家蘇格蘭人號」在西海岸幹線運轉，「飛快的蘇格蘭人號」在東海岸幹線運轉，兩款列車做良性競爭，比賽誰跑的最快，以吸引乘客。到了1923年英國各鐵道公司進行大整合，「倫敦·中部地方和蘇格蘭鐵道」經營西海岸幹線，「倫敦和東北部鐵道」經營東海岸幹線，兩家鐵道公司

的機關車設計師不斷地改良性能、提高行車速率，以爭取世界上最快速機關車和列車的光榮頭銜，歷史學家就將1920年代至1930年代（第二次世界大戰爆發前）的二十年稱為「蒸汽機關車的黃金或全盛時期」。

註：根據英國1921年頒佈的鐵道法（Railways Act 1921），英國各鐵道公司整合成四大鐵道公司，都在1923年1月1日正式營運。四大鐵道公司（Big Four）：「倫敦、中部地方和蘇格蘭鐵道」（London, Midland and Scottish Railway，簡稱LMS）；「大西部鐵道」（Great Western Railway，簡稱GWR）；「倫敦和東北部鐵道」（London and North Eastern Railway，簡稱LNER）；「南部鐵道」（Southern Railway，簡稱SR）。

「皇家蘇格蘭人級」（Royal Scot Class）蒸汽機關車

「倫敦‧中部地方和蘇格蘭鐵道」在1923年成立時，發現沒有大型的機關車來牽引長程快車，因此由亨利‧福勒爵士（SIR HENRY FOWLER生於1870年7月29日，1938年10月16日去世）設計車軸4-6-0型（4個導輪、6個動輪）機關車，北英國機關車公司（NORTH BRITISH LOCOMOTIVE COMPANY）製造50輛，編號由6100至6149，車身長19.882公尺，車身重141.8噸，導輪直徑1.003公尺，動輪直徑2.057公尺，裝置兩個平行的圓桶狀鍋爐、三個汽缸。

本級機關車的名稱大部分取自英國皇家陸軍有光榮傳統的團級（REGIMENTS）封號。由於在1927年第一批製造的50輛運轉情況良好，於是在1930年由「倫敦、中部地方和蘇格蘭鐵道」的得比工廠（LONDON MIDLAND & SCOTTISH RAILWAY, DERBY WORKS）製造了第二批20輛，編號由6150至6169，總共生產了70輛，到了1962年至1965年才退出營運。本級的第一輛編號6100「皇家蘇格蘭人」（ROYAL SCOT）曾經在1933年前往北美洲（包括加拿大和美國）牽引由八節車廂編成的列車做巡迴旅行，最主要是參加當年在芝加哥舉行的「發展世紀博覽會」（CENTURY OF PROGRESS EXPOSITION），另外在蒙特利爾（MONTREAL）、丹佛（DENVER）、舊金山（SAN FRANCISCO）、溫哥華（VANCOUVER）等地展示，行程超過17,700公里。

．位於南太平洋的吐瓦魯（TUVALU）的夫那夫提FUNAFUTI）在1984年3月19日發行一組世界領先者（LEADERS OF THE WORLD）機關車專題郵票，其中面值30分的圖案主題是「皇家蘇格蘭人」級（ROYAL SCOT Class）的「皇家蘇格蘭人」號（ROYAL SCOT）機關車蒸汽車，分成上下各一枚相連，上一枚是「皇家蘇格蘭人」號的左側及正面圖，下一枚是「皇家蘇格蘭人」號停在站場的鐵道上。「皇家蘇格蘭人」號的序列編號6100，1927年10月造成，1962年10月退出營運。

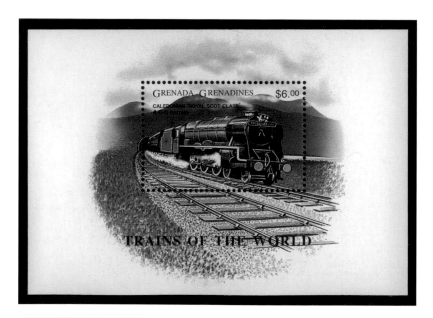

．位於加勒比海的格雷那達附屬地（GRENADA GRENADINES）發行一款「世界之列車」（TRAINS OF THE WORLD）專題郵票，面值6元，圖案主題是英國的「皇家蘇格蘭人」級（ROYAL SCOT CLASS）加累多尼亞（CALEDONIAN）號蒸汽機關車牽引客運快車。加累多尼亞號的序列編號6141，1927年11月造成，1964年4月退出營運。

· 位於加勒比海的聖文森附屬島的貝基亞島（BEQUIA-GRENADINES OF ST. VINCENT）在1985年8月14日發行一組世界領先者（LEADERS OF THE WORLD）機關車專題郵票，其中面值75分的圖案主題是1943年改造型「皇家蘇格蘭人」級蒸汽機關車，分成上下各一枚相連，上一枚是改造型「皇家蘇格蘭人」級的左側及正面圖，下一枚是正在鐵道上牽引客運列車前進的改造型「皇家蘇格蘭人」級蒸汽機關車。在第二次世界大戰中，一切資源以支援軍方為最優先，所以不允許研發製造新型機關車，因此由主任機械技師威廉·史坦尼爾爵士（Sir William Stanier，1876-1965）負責改造工事。改造型的車身長19.787公尺，車身重139.9噸，換裝新式的汽缸及錐形鍋爐。

（郵票實際尺寸：圖片尺寸=1：0.7）

· 英國在1985年22日發行一套蒸汽機關車全盛時期的著名特快列車專題郵票，其中面值31便士的圖案主題是在1959年運轉的「皇家蘇格蘭人」（ROYAL SCOT）號豪華特快列車，由「城市級」（原屬於「公主加冕級」Princess Coronation Class）的「蘭卡斯特市」（City of Lancaster，位於英格蘭西北部）號蒸汽機關車牽引正在快速前進。「蘭卡斯特市」號在1940年6月製造完成，1964年10月退出營運，在「倫敦·中部地方·蘇格蘭鐵道」時期編號「6243」，英國國營鐵道編號「46243」。

3. 1904年「柯尼許的里維拉」（Cornish Riviera）號豪華特快列車

CORNISH RIVIERA之CORNISH是指CORNWALL地區（英國西南部的郡名），RIVIERA原指法國東南部延伸到義大利西北部瀕地中海的避寒海岸，後來引申為休閒渡假海岸之意，所以CORNISH RIVIERA指英國西南部最溫暖的避寒海岸（受到源自墨西哥灣的大西洋暖流影響）。

1904年7月1日大西部鐵道開始新款特快列車的營運，上午10點10分從倫敦的巴丁屯車站出發，下午5點10分抵達終點站「片讓斯」（PENZANCE，英國最西端的鐵路車站）。列車有七節車廂，其中有一節是餐車（DINING CAR），在「處羅」車站解掉一節客車，該節併入支線列車前往法茅斯（FALMOUTH），其餘六節開往終點站「片讓斯」。其餘六節的列車中途停靠站是「普利茅斯的北路車站」（PLYMOUTH NORTH ROAD）、「格威尼爾」（GWINEAR ROAD）和「聖厄斯」（ST. ERTH）。回程也是在上午10點10分從「片讓斯」出發，但是增加「得逢港」（DEVONPORT）停靠站。

大西部鐵道為了新款特快列車的命名，由1904年8月份的「鐵道雜誌」（RAILWAY MAGAZINE）刊登「公開徵名比賽」，在1286位參與者中分成兩個建議：「柯尼許的里維拉特快」（THE CORNISH RIVIERA LIMITED）和「里維拉快車」（THE RIVIERA EXPRESS），最後合起來成為「柯尼許的里維拉快車」。

最初的兩年「柯尼許的里維拉快車」只在夏季營運，第三年起才納入全年度營運。

1906年經由加里城堡（CASTLE CARY）的較短路線（31公里長）開通，因此可以從巴丁屯車站晚二十分鐘出發，在相同時間抵達「片讓斯」。到了第一次世界大戰中期，列車成長到牽引14節車廂，但是在1917年1月因

戰時經濟因素的考量而暫時停止營運，直到1919年夏季恢復營運，不過仍然受到最高行車時速60英里的限制，直到1921年秋天才恢復戰前的快速行車水準。1924年開始以最新型的「城堡級」（CASTLE CLASS）蒸汽機關車牽引柯尼許的里維拉快車，1927年改用「國王級」（KING CLASS）蒸汽機關車牽引。1952年屬於國營鐵道，改用「布里塔尼亞級」（BR BRITANNIA CLASS）蒸汽機關車牽引。

1935年夏天，「柯尼許的里維拉快車」在上午10點30分從倫敦的巴丁屯車站出發，中途僅停靠「處羅」和「聖厄斯」（TRURO AND ST. ERTH）兩站，經過6小時15分，在下午4點45分抵達終點站「片讓斯」，行程279.25英里（449.397公里），平均行車時速為71.9公里，在當年是最快的載客行車速度。

下表是「柯尼許的里維拉快車」由代表性機關車和高速列車營運的起訖時刻和行車所需時間。

年份	**1904年**	1920年	1940年	1965年	1987年	2006年
月份	7月	10月	9月	6月	9月	12月
動力車	城市級	星級	城堡級	52級	高速列車	高速列車
	公爵級	莫古級	國王級	柴油發電	柴油發電	柴油發電
巴丁屯	10：10	10：30	10：30	10：30	10：50	10：05
普利茅斯的北路	14：37	14：53	14：35	14：30	13：50	13：07
處羅	16：14	16：20	16：06	16：06	15：06	14：22
聖厄斯	16：56	17：04	16：45	16：45	15：35	14：54
片讓斯	17：10	17：15	17：00	17：00	15：46	15：10
所需時間	7時	6時45分	6時30分	6時30分	4時56分	5時5分

4.「國王級」蒸汽機關車

「國王級」蒸汽機關車由大西部鐵道的主任機械技師柯雷特（CHARLES
COLLETT，1871～1952，任期1922年至1941年）設計，在1927年至1930年
期間製造，車身長20.7772公尺，車身重137.9噸，動輪直徑1.9812公尺，車軸
配置採4-6-0型（4個導輪、6個動輪），裝置4汽缸，共造了30輛，編號6000至
6029，全部都在1962年退出營運。

CORNISH RIVIERA

（郵票實際尺寸：圖片尺寸=1：0.7）

· 英國在1985年22日發行一組蒸汽機關車全盛時期的著名特快列車專題郵票，其
中面值34便士的圖案主題是在1953年運轉的「柯尼許的里維拉」（CORNISH
RIVIERA）號豪華特快列車，由「國王級」（King Class）的「國王理察三世」
（King Richard III）號蒸汽機關車牽引正在快速前進。「國王理察三世」編號6015
在1928年6月造成，1962年9月退出營運。

· 位於加勒比海的內維斯（NEVIS）在1983年11月
10日發行一組世界領先者（LEADERS OF THE
WORLD）機關車專題郵票，其中面值1元的圖案
主題是「國王級」（KING CLASS，1927年開始製
造）的「國王喬治五世」（KING GEORGE V）號
蒸汽機關車，分成上下各一枚相連，上一枚是「國
王喬治五世」號的左側及正面圖，下一枚是「國王
喬治五世」號蒸汽機關車牽引客運列車。「國王喬
治五世」號的序列號碼是「6000」（第一輛），在
1927年6月造成，1962年12月退出營運，現今保存
於史文敦（Swindon）的「蒸汽鐵道物館」（Steam
Railway Museum）。

· 位於加勒比海的聖文森附屬島的貝基亞島（BEQUIA GRENADINES OF ST. VINCENT）在
2004年為紀念蒸汽機關車發明200周年（STEAM BICENTENARY 1804～2004）發行一款小
全張，面值5元，圖案左上角印蒸汽機關車發明200周年紀念標誌、主題是「柯尼許的里維拉
特快列車」（CORNISH RIVIERA EXPRESS）。

・位於加勒比海的聖文森（ST. VINCENT）在1983年12月5日發行一組世界領先者（LEADERS OF THE WORLD）機關車專題郵票，其中面值10分的圖案主題是「國王級」（KING CLASS，1927年開始製造）的「國王亨利八世」（KING HENRY VIII）號蒸汽機關車，分成上下各一枚相連，上一枚是「國王亨利八世」號的左側及正面圖，下一枚是「國王亨利八世」號蒸汽機關車牽引客運列車。「國王亨利八世」號的序列號碼是「6013」，在1928年5月造成，1962年9月退出營運。

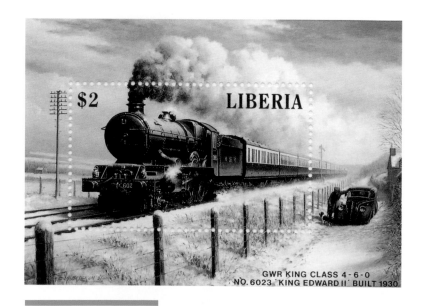

・位於西非的賴比瑞亞（LIBERIA）在1988年7月30日為紀念大西部鐵道創立150周年發行四款小全張，面值皆為2元，其中一款的圖案主題是1930年製造的國王級（KING CLASS）「國王愛德華二世」（KING EDWARD II）號蒸汽機關車牽引客運列車。「國王愛德華二世」的序列號碼是「6023」，在1930年6月造成，1962年6月退出營運。機關車換裝新的動輪後，至今保存於「迪可特鐵道中心」（Didcot Railway Centre）。

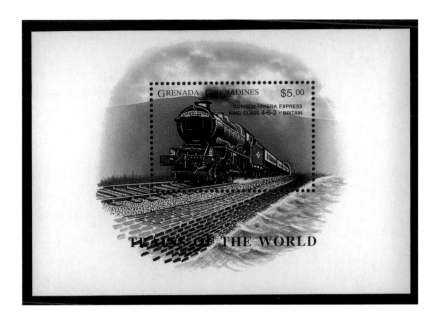

・位於加勒比海的格雷那達附屬地（GRENADA GRENADINES）發行一款世界的列車
（TRAINS OF THE WORLD）專題小全張，面值5元，圖案主題是英國（BRITAIN）的「國
王級」（KING CLASS車軸配置應為4-6-0型，郵票上印成4-6-2型）蒸汽機關車牽引「柯尼許
的里維拉號快車」（CORNISH RIVIERA EXPRESS）正穿出隧道口，經過英國南部海岸。

5. 1907年星級的北極星號（Lode Star）蒸汽機關車

星級（STAR CLASS）蒸汽機關車由「大西部鐵道」的主任機械技師（CHIEF MECHANICAL ENGINEER）邱取瓦德（GEORGE JACKSON CHURCHWARD，1857～1933）設計，自1907年至1923年間在「大西部鐵道」的史文敦工廠（SWINDON WORKS）製造，共生產了73輛，編號4000～4072。星級車身全長19.558公尺，總重量115.7噸，車軸配置採4-6-0型（4個導輪、6個動輪、無從輪），導輪直徑0.965公尺、動輪直徑2.045公尺，裝置4個汽缸可以使得出力增加、轉速更快，在1925年至1957年間陸續退出營運。

北極星號（編號4003）是星級中第一批生產的蒸汽機關車，也是唯一被保存的一輛，在1951年退出營運，總共運轉2,005,898英里（約3,228,091.65公里），自1962年起保存於史文敦的「大西部博物館」（GREAT WESTERN MUSEUM IN SWINDON），在1992年被移到約克的國家鐵道博物館，至今陳列於該館做靜態展示。

· 位於加勒比海的聖文森附屬島嶼（GRENADINES OF ST. VINCENT）在1987年5月5日發行一組世界領先者（LEADERS OF THE WORLD）機關車專題郵票，其中面值1元的圖案主題是1907年製造的「星級」「北極星」號（LODE STAR STAR CLASS 1907）蒸汽機關車，分成上下各一枚相連，上一枚是的左側及正面圖，下一枚是「北極星」號蒸汽機關車牽引客運列車正離開車站。

・位於加勒比海的內維斯（NEVIS）在1985年8月31日為紀念大西部鐵道創立150周年
（150th ANNIVERSARY OF THE GREAT WESTERN RAILWAYS 1835～1935印在郵
票圖案的上緣）發行一組著名蒸汽機關車及設計師專題郵票，採左右聯刷方式印製，
其中面值1元的左聯圖案主題是1907年在史文敦工廠製造的「星級」「北極星」號蒸
汽機關車（STAR CLASS LOCOMOTIVE LODE STAR BUILT AT THE SWINDON
WORKS 1907）、右聯圖案主題是「星級」蒸汽機關車的設計師邱取瓦德（G. J.
CHURCHWARD）。

・北極星號（Lode Star）蒸汽機關車。

6. 1911年大東部鐵道的S69級、倫敦和東北部鐵道的B12級蒸汽機關車

原本是大東部鐵道（GREAT EASTERN RAILWAY，簡稱GER，存在於1862年至1923年間）在1911年1912年由史提芬·得瓦·侯爾登（STEPHEN DEWAR HOLDEN）設計。「史特拉特福工廠」（STRATFORD WORKS）製造的5輛CLASS S69級，主要作為牽引自倫敦利物浦街車站（LONDON'S LIVERPOOL STREET STATION）出發的客運快車之用，因編號1500～1504所以又稱為1500 CLASS級，大東部鐵道在1923年併入倫敦和東北部鐵道，將1500 CLASS級改稱B12級，編號改為8500～8504，到了1944年改回1500～1504。

由於能牽引重的貨運列車、展現優越的性能，所以大東部鐵道又陸續向「史特拉特福工廠」分批訂製。

1913年A73號訂單10輛，編號1505～1514，因1506號在1913年7月12日發生事故而退出營運，倫敦和東北部鐵道將其餘的編號改為8505和8507～8514，到了1944年改回1505和1507～1504。

1913年E75號訂單5輛，編號1515～1519，倫敦和東北部鐵道將編號改為8515～8519，到了1944年改回1515～1519。

1914年R75號訂單10輛，編號1520～1529，倫敦和東北部鐵道將編號改為8520～8529，到了1944年改回1520～1529。

1914至1915年M77號訂單6輛、編號1530～1535，倫敦和東北部鐵道將編號改為8530～8535，到了1944年改回1530～1535。

1915至1917年B78號訂單5輛，編號1536～1540，倫敦和東北部鐵道將編號改為8536～8540，到了1944年改回1536～1540。

1920-1921年由蘇格蘭的「威連・博得模公司」（WILLIAM
BEARDMORE AND COMPANY）承造20輛，編號1541～1560，倫敦和
東北部鐵道將編號改為8541～8560，到了1944年改回1541～1560。

1920年向「史特拉特福工廠」發出H82號訂單10輛，編號1561～1570，
倫敦和東北部鐵道將編號改為8561～8570，到了1944年改回1561～
1570。

1928年倫敦和東北部鐵道向「貝耶・孔雀公司」（BEYER, PEACOCK
AND COMPANY）訂製10輛，編號8571～8580，到了1944年改為
1571～1580。

B12級蒸汽機關車總共造了81輛，大部分延用到英國國有鐵道時期，最
初在1945年、最後在1961年退出營運，其中倫敦和東北部鐵道編號8572
（英國國有鐵道改為編號BR 61572）的一輛被保存於「北諾福克鐵道」
（NORTH NORFOLK RAILWAY）。車身全長17.602公尺，總重量110.6
噸，車軸配置採4-6-0型（4個導輪、6個動輪、無從輪），導輪直徑
0.991公尺、動輪直徑1.981公尺，裝置2個汽缸。

・位於加勒比海的聖文森（ST. VINCENT）
在1983年12月8日發行一組世界領先者
（LEADERS OF THE WORLD）機關車專題
郵票，其中面值60分的圖案主題是1912年製
造的「B12級」蒸汽機關車，分成上下各一
枚相連，上一枚是的左側及正面圖，下一枚
是英國國有鐵道時期的「B12級」蒸汽機關
車正離開車庫。

7. 1926年金箭號（英文Golden Arrow；法文 Flèche d'Or）豪華特快列車

法國的北方鐵道（CHEMIN DE FER DU NORD）在1926年推出一款豪華特快列車，營運區段從巴黎通到法國北部海港「卡來」（CALAIS），「卡來」位於法國與英國間最窄的「多佛海峽」（STRAIT OF DOVER，寬僅34公里）東岸，乘客在「卡來」下車後轉乘渡船橫越多佛海峽，抵達英國海港「多佛」（DOVER），乘客在「多佛」下船後轉乘鐵路列車前往倫敦。

法國的北方鐵道將列車稱為「FLÈCHE D'OR」即「金箭」之意，列車全都配置頭等車廂，設備舒適並且派專人服務（PULLMAN SERVICE），因為此種豪華車廂是由美國的實業家普爾曼（GEORGE MORTIMER PULLMAN，生於1831年，1897年去世）所規劃設計，配置的臥舖寢室車英文稱為PULLMAN SLEEPING CAR普爾曼寢室車，簡稱為PULLMAN CAR（普爾曼車）。

英國的南部鐵道（SOUTHERN RAILWAY經營期間為1923至1948年）在1929年5月15日也推出同樣等級的豪華特快列車，將列車稱為「GOLDEN ARROW」亦即「金箭」之意，由南部鐵道的「那爾遜爵士級」（LORD NELSON CLASS）蒸汽機關車牽引十節「普爾曼車」，從倫敦到多佛只需98分鐘。到了1930年代初期，正值歐美各國陷入經濟大恐慌時期，於是列車改為加掛普通頭等和三等車廂。

1939年9月，第二次世界大戰爆發，「金箭」號只得停止運轉，直到第二次世界大戰結束的隔年1946年4月15日才恢復營運，最初使用原有的普爾曼車，到了1951年為配合英國大慶典各項展覽和表演活動，才使用新造的車廂。1961年英國南部各地區開始進行鐵道電力化，於是改用電力機關車牽引「金箭」號。進入70年代，迅速價廉的噴射客機拉走了大部分的乘客，載客量急速下降，「金箭」號在1972年9月30日做最後一次運轉而結束營業。

8. 1926年南部鐵道的「那爾遜爵士級」（Lord Nelson）蒸汽機關車

「那爾遜爵士級」蒸汽機關車是茅恩賽（RICHARD EDWARD LLOYD MAUNSELL，生於1868年，1944年去世）主任機械技師為英國的南部鐵道需要牽引客運快車所設計的型蒸汽機關車，由南部鐵道的東雷依工廠（EASTLEIGH WORKS）製造，生產期間：1926年至1929年，共造了16輛，車軸採4-6-0（4個導輪、6個動輪、無從輪）配置方式，導輪、動輪的直徑分別是3英尺1英寸（0.94公尺）、6英尺7英寸（2.01公尺），車身長69英尺9.75英寸（21.27公尺），車身重噸144.5噸。本級機關車的車名是紀念英國的海軍提督─那爾遜爵士率領英國的艦隊打敗了拿破崙的法國和西班牙聯合艦隊，正式營運至1961年，只有第一輛「那爾遜爵士」號（1926年8月出廠、1962年8月退退出營運，南部鐵道時期的編號850，英國國鐵時期的編號30850）被保存起來，成為英國國家鐵道博物館的珍藏品。

· 英國在1982年6月16日發行一組著名海軍領導者專題郵票，其中面值24便士的圖案主題是「那爾遜爵士穿著海軍提督服的肖像」，圖案左邊是那爾遜爵士的旗艦「勝利」（VICTORY）號。

· 格雷那達（GRENADA）在1982年10月4日發行一組世界著名的蒸汽機關車及列車專題郵票，其中面值70 C分的圖案主題是法國的「金箭」號豪華特快列車，由法國的蒸汽機關車牽引，車頭掛著「FLÈCHE D' OR」（法文之「金箭」）車牌。

‧位於加勒比海的聖路西亞（ST. LUCIA）
在1983年10月13日發行一組世界領先者
（LEADERS OF THE WORLD）機關車專題
郵票，其中面值50分的圖案主題是「那爾遜
爵士級」蒸汽機關車，分成上下各一枚相連，
上一枚是「那爾遜爵士級」的左側及正面圖，
下一枚是牽引客運列車正在前進的「那爾遜爵
士級」第一輛蒸汽機關車「那爾遜爵士」號。

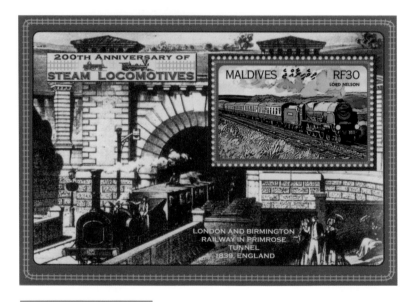

‧位於印度洋的馬爾代夫（MALDIVES）在2004年為紀念蒸汽機關車發明兩
百周年發行一款小全張，小全張的畫面是1839年英格蘭的倫敦和伯明罕鐵
道（LONDON AND BIRMINGHAM RAILWAY）的櫻草花隧道（PRIMROSE
TUNNEL）開通時第一班列車從隧道出來的情景，小全張的右上方含一枚面值
RF 30的郵票，圖案主題是「那爾遜爵士級」（LORD NELSON）第一輛「那
爾遜爵士」號（編號850）蒸汽機關車正在牽引旅客列車前進。
註：小全張的文字説明將「BIRMINGHAM」印成「BIRMINGTON」。

· 位於加勒比海的聖文森附屬島的聯合島（UNION ISLAND-GRENADINES OF ST. VINCENT）在1984年12月18日發行一組世界領先者（LEADERS OF THE WORLD）機關車專題郵票，其中面值25分的圖案主題是法國在1929年製造的「3500級改造型」蒸汽機關車，分成上下各一枚相連，上一枚是「3500級改造型」的左側及正面圖，下一枚是正在港邊碼頭鐵軌上的「3500級改造型」蒸汽機關車（車頭掛著「FLÈCHE D'OR」車牌）、圖案右邊是「金箭」號豪華特快列車的一節車廂和渡船的兩支大煙囪。

「3500級改造型」蒸汽機關車

「3500級改造型」蒸汽機關車原屬於巴黎至奧爾連鐵路公司（Chemin de Fer de Paris à Orléans），車身重180.8噸，車身長23.744公尺，動輪直徑1.905公尺，車軸採4-6-2（4個導輪、6個動輪、2個從輪）配置方式。

9. 1925年「U1級迦拉特式」（Class U1 Garratt）蒸汽機關車

「倫敦和東北部鐵道」為了貨物列車（主要是運煤）越過「沃茲區斜坡」（WORSBOROUGH INCLINE位於南約克郡〔SOUTH YORKSHIRE〕的一處著名陡坡，長4.8公里）時所需要特殊形式的補助機關車（連結於列車之後幫助推進），由「貝耶・孔雀公司」（BEYER, PEACOCK AND COMPANY）在1925年製造的「貝耶・迦拉特式」（BEYER-GARRATT）蒸汽機關車。「U1」級只造了一輛，車身重199.52噸，車身長26.594公尺，成為英國最長和出力最大的蒸汽機關車。車軸採2-8-0+0-8-2（2個導輪、8個動輪、無從輪＋無從輪、8個動輪、2個導輪）配置方式，導輪直徑0.812.公尺，動輪直徑1.422公尺，兩組×3個汽缸。

出廠時的最初編號「2395」，1946年3月改為「9999」，1948年鐵道國有化後再改為「69999」，1955年12月23日正式退出營運，隨後送到「動咯斯特工廠」（DONCASTER WORKS），在1956年初被解體，共運轉了三十年，里程數達到684,000公里。

註：「迦拉特式」是英國技師「赫伯特・威廉・迦拉特」（Herbert William Garratt生於1864年6月8日 -1913年9月25日去世）設計、取得專利的「關節式機關車」（articulated locomotive），關節式是由三個部份組成（分散車體重量），鍋爐（boiler）放在中間主體部位、兩具蒸汽發動機則放在主體部位的前後端部位，關節式機關車可以在彎度較大和較輕量的軌道行進。由於鍋爐（boiler）放在中間部位底下沒有裝置車臺和車輪，所以鍋爐的直徑可以增大，受熱面積增加，因而可以產生更多的蒸汽推動力，成為它的另一項優勢。此款特殊形式的蒸汽機關車非常適合在亞洲、非洲、南美洲等發展中國家的鐵道牽引較長或較重的列車，取代以往需要兩節蒸汽機關車來牽引，如此可以節省一組操控人員和約40％的燃煤。最先使用「迦拉特式」是澳洲南方的塔斯曼尼亞政府鐵道（Tasmanian Government Railways），向「貝耶・孔雀公司」訂購的兩輛在1909年製造完成，車軸配置方式0-4-0+0-4-0（即前後各有4個動輪），編號5292～5293。

· 位於東南非的坦尚尼亞（TANZANIA）在
1985年10月7日發行「向坦桑尼亞鐵道致意」
（Salute to Tanzania Railways）郵票，其中
面值20西令的圖案主題是編號6004、車軸配
置方式4.8.2.+2.8.4.的「迦拉特式」蒸汽機關
車牽引客運列車前進。

· 位於東非的肯亞（KENYA）、坦桑尼亞
（TANZANIA）、烏干達（UGANDA）三國
聯合郵政在1971年4月19日發行一組機關車專
題郵票，其中面值1.50西令的圖案主題是東非
鐵道（East African Railways，簡稱EAR）使
用的59級「4-8-2+2-8-4迦拉特式」蒸汽機關
車。59級又稱為山岳形（Mountain type），
在1955年至1956年之間由「貝耶‧孔雀公
司」製造了34輛，編號5901-5934，適用軌距
1000 mm。

· 位於南非的南羅得西亞（SOUTHERN
RHODESIA）在1953年4月15日發行
一組羅茲誕生百周年紀念（RHODES
CENTENARY）郵票，其中面值1西令
（Shilling簡寫成／）的圖案右上是車軸配置
方式4-6-4+4-6-4的「迦拉特式」蒸汽機關
車牽引客運列車前進、右下是載著穀物的牛
車、中左是當年興建的工廠和大樓、左上是
一架裝置4個螺旋槳的民用飛機。
註：羅茲（Cecil John Rhodes，1853～1902）
　　是一名英裔南非商人，在非洲南部積極拓展
　　殖民事業，英國的羅得西亞（Rhodesia）殖
　　民地即以他為名。

· 位於加勒比海的聖文森附屬島的聯合島（UNION ISLAND-GRENADINES OF ST. VINCENT）在1984年12月18日發行一組世界領先者（LEADERS OF THE WORLD）機關車專題郵票，其中面值3元的圖案主題是在1925年製造的「U1級2-8-0+0-8-2配置形式」蒸汽機關車，分成上下各一枚相連，上一枚是「U1級」的左側及正面圖，下一枚是正在調度場鐵軌上移動的「U1級」編號「2395」蒸汽機關車。

· 位於西南非的安哥拉（ANGOLA）在1990年3月1日發行一組機關車專題郵票，其中兩款相連（面值都是12 KWANZAS）的圖案主題是在魯安達鐵道（CAMINHO DE FERRO DE LUANDA）運轉的車軸配置方式4-8-2+2-8-4「迦拉特式」蒸汽機關車，圖案右上方印安哥拉地圖、標示魯安達鐵道的起點：魯安達（LUANDA）和迄點：馬蘭給（MALANGE）。魯安達鐵道在1949年曾向「貝耶‧孔雀公司」購買了6輛「4-8-2+2-8-4迦拉特式」（編號501〜506），在1954年曾向「德國的克魯伯（Krupp）公司」購買了6輛「4-8-2+2-8-4迦拉特式」（編號551〜556）。

· 位於西南非的象牙海岸共和國（REPUBLIQUE DE CÔTE–D' IVOIR）在1980年5月17日發行一組機關車專題郵票，其中面值150 F法郎的圖案主題是由「法國‧比利時公司」製造、在1940年起由法國的西非鐵路（CF d' Afrique Occidentale Française）使用的「4-8-2+2-8-4迦拉特式」蒸汽機關車（法文LOCOMOTIVE A VAPEUR，適用軌距1000 mm）。

· 位於印度洋的模里西斯（MAURITIUS）在1979年2月1日發行一組機關車專題郵票，其中面值R（Rupee，盧比）2的圖案主題是1927年「貝耶‧孔雀公司」製造了3輛的「2-8-0+0-8-2迦拉特式」蒸汽機關車，適用標準軌距1435 mm。

位於南非的津巴布威（ZIMBABWE）在1985年5月15日發行一組蒸汽機關車狩獵或觀賞野生動物旅行（STEAM SAFARIS）專題郵票，其中兩款的圖案主題是「迦拉特式」蒸汽機關車。

· 面值17分的圖案主題是「貝耶‧孔雀公司」在1950年製造的「迦拉特式」15A級編號424（原編號404，改造後編號424）蒸汽機關車牽引貨物列車前進。1940至1952年製造34輛15級（編號271～274, 275～280, 290～293, 364～373,374～383）和40輛15A級（編號384～423），共造了74輛，適用軌距1.067公尺，車軸配置方式4-6-4+4-6-4（即前後各有4個導輪、6個動輪、4個從輪）。最後一批15A級的10輛（編號414～423）在1952年依授權合約由「法國‧比利時公司」（Société Franco-Belge存在期間1927～1982年）製造。部分機關車在1980年至1983年之間進行翻修和改造，原編號271~274改為350～353，原編號275～280和290～293改為354～363。

· 面值30分的圖案主題是「貝耶‧孔雀公司」在1957年製造的「迦拉特式」20A級編號726（Engine Number）蒸汽機關車牽引貨物列車前進。1954～1958年製造21輛20級（編號700～720）和40輛20A級（編號721～760），共造了61輛，適用軌距1.067公尺，車身長31.45公尺，車軸配置方式4-8-2+2-8-4（即前後各有4個導輪、8個動輪、2個從輪），可以牽引1270噸重貨物列車越過1.55%的坡度，成為羅得西亞鐵道（Rhodesia Railways）出力最強的蒸汽機關車，在1970-1992年陸續退出正式營運。

註：羅得西亞鐵道營運地區包括「南羅得西亞」（Southern Rhodesia，獨立後改名津巴布威Zimbabwe）和「北羅得西亞」（Northern Rhodesia，獨立後改名尚比亞Zambia），在兩區分別獨立後，「南羅得西亞」區鐵道現屬於「津巴布威國家鐵道」（National Railways of Zimbabwe），「北羅得西亞」區鐵道現屬於「尚比亞鐵道」（Zambia Railways）。

· 位於印度洋的馬拉加西共和國（REPOBLIKA MALAGASY）在1974年6月7日發行一組回顧馬達加斯加鐵路（RETROSPECTIVE DES CHEMINS DE FER MADAGASCAR）郵票，其中面值200法郎的圖案主題是1926年比利時‧聖雷歐納公司（St. Leonard）製造了2輛的「2-6-0+0-6-2迦拉特式」蒸汽機關車，適用標準軌距1000 mm。

10. 1927年「4P級迦拉特式」（Class 4P Garratt）蒸汽機關車

「倫敦、中部地方和蘇格蘭鐵道」為了牽引重貨物列車，由「貝耶‧孔雀公司」（BEYER, PEACOCK AND COMPANY）製造「4P級迦拉特式」蒸汽機關車，在1927年4月生產3輛、編號4997～4999，在1930年8月至11月生產30輛、編號4967～4996，1938年～1939年被改編為7967～7999號，1948年英國國有鐵道將本級改編為47967～47999號，1955年6月～1958年4月陸續退出正式營運，沒有一輛被保存。1927年生產的車重151.14噸、1930年生產的車重154.9噸，車身長26.784公尺，車軸配置方式2-6-0+0-6-2（即前後各有2個導輪、6個動輪、無從輪），導輪直徑1.000公尺、動輪直徑1.600公尺。

· 位於加勒比海的聖文森附屬島（GRENADINES OF ST. VINCENT）在1987年5月5日發行一組世界領先者（LEADERS OF THE WORLD）機關車專題郵票，其中面值40分的圖案主題是在1927年製造的「4P級迦拉特式2-6-0+0-6-2車軸配置」蒸汽機關車，分成上下各一枚相連，上一枚是「4P級」編號「4967」的左側及正面圖，下一枚是「4P級」編號「4967」蒸汽機關車牽引貨物列車前進。

11. 1929年「A3級」（Class A3）蒸汽機關車

英國國會在1921通過新的鐵道法案，1923年1月1日起生效，將一百多家鐵道公司重組合併成四大（Big Four）鐵道公司：

1.「倫敦、中部地方和蘇格蘭鐵道」London, Midland and Scottish Railway（LMS）。

2.「大西部鐵道」Great Western Railway（GWR）。

3.「倫敦和東北部鐵道」London and North Eastern Railway（LNER）。

4.「南部鐵道」Southern Railway（SR）。

而「大北部鐵道」（Great Northern Railway，簡稱GNR）被併入「倫敦和東北部鐵道」，原本在「大北部鐵道」擔任設計機關車的奈節爾・葛雷茲利（Nigel Gresley）被任命為新公司的主任機械技師（Chief Mechanical Engineer），葛雷茲利受新公司委託將原先替「大北部鐵道」設計完成的A1級太平洋式（4個導輪—6個動輪—2個傳輪Pacific）蒸汽機關車改良成A3級，專門牽引快速客運列車。

1923年至 1925年，共造了51輛A1級機關車，其中20輛由「北英國機關車公司」（North British Locomotive Company）、31輛由「動喀斯特工廠」（Doncaster Works）製造。在1920年代末期A1級機關車被改造成A3級，最主要是增加鍋爐的蒸汽壓（由180 psi增至220 psi，pound-force per square inch一平方英寸面積承受1磅重的簡稱）、

可減少用煤量，另外新造了27輛A3級直到1935年為止。車身長21.46公尺，導輪直徑0.965公尺、動輪直徑2.032公尺、傳輪直徑1.118公尺。車總重量156.63噸。自1959年至1966年間陸續退初營運。本級唯一被保存起來的就是編號4472取名「飛快的蘇格蘭人」（FLYING SCOTSMAN），經過幾次轉手，2004年被位於約克的「國家鐵道博物館」（NATIONAL RAILWAY MUSEUM IN YORK）收購而成為國家收藏品。

· 馬爾地夫（MALDIVES）在2000年11月29日發行一組創世界紀錄的著名機關車和列車專題郵票，其中面值Rf 2.50的圖案主題是「倫敦和東北部鐵道」使用的A3級第2750號「莎草紙」（PAPYRUS）蒸汽機關車。

· 位於加勒比海的聖文森附屬島嶼（GRENADINES OF ST. VINCENT）在1987年5月5日發行一組世界領先者（LEADERS OF THE WORLD）機關車專題郵票，其中面值50分的圖案主題是1929年3月出廠、英國（U.K.）「倫敦和東北部鐵道」使用的「A3級」第2750號，名「莎草紙」（PAPYRUS）蒸汽機關車，分成上下各一枚相連，上一枚是的左側及正面圖，下一枚是「A3級」牽引客運列車正在停在新堡（Newcastle）車站的月台旁路線。第2750號「莎草紙」（PAPYRUS）機關車在1935年3月5日被作為倫敦至新堡車站間中途不停（non-stop）的高速運轉測試，在回程途經「加燃料斜坡」（Stoke Bank）下坡路段時，機關車衝到時速108英里（173.8公里），接著在12.5英里（20.1公里）的路段持續時速100英里（161公里）以上，創下非流線型機關車（non-streamlined locomotive）的最快速世界紀錄。

12．1930年代大西部鐵道的「且特南浴場快車」
（Cheltenham Spa Express）

且特南浴場快車是英國著名的客運列車，從倫敦的巴丁屯車站
（LONDON PADDINGTON STATION）出發，經里定（READING）、
肯伯（KEMBLE）、斯特洛（STROUD）、石屋（STONEHOUSE）、格
洛斯特（GLOUCESTER），到達且特南浴場（CHELTENHAM SPA位於
倫敦西方的著名休養地）。在1930年代，由大西部鐵道營運，此款快車有
一個更是眾所週知的名稱「且特南飛行者」（CHELTENHAM FLYER）。

大西部鐵道曾宣稱「且特南飛行者」是當時世界上最快的列車，由大
西部鐵道的4073級（亦稱為城堡級）蒸汽機關車牽引。1932年6月6
日，「且特南飛行者」快車由「5006特雷根那城堡」（TREGENNA
CASTLE）號牽引，以平均時速81.68英里（131.45公里）完成從史文敦
（SWINDON）到巴丁屯的車程77英里（124公里）。城堡級蒸汽機關車
由查理・寇列（CHARLES COLLETT）主任機械技師設計，車軸採4-6-0
（4個導輪、6個動輪）配置方式，共製造了171輛，自1923年8月納入營
運開始牽引「且特南浴場快車」，至1950年8月開始陸續停止營運，到
1965年底最後一輛「克崙城堡」（CLUN CASTLE）號停止營運，城堡級
蒸汽機關車全部退役。

大西部鐵道的後繼營運者——「英國國營鐵道」繼續使用「且特南浴場
快車」名稱，直到1960年為止。1984年又恢復「且特南浴場快車」的營
運，1998年「第一大西」公司取得該路段經營權後繼續維持「且特南浴場
快車」的運轉，2007年的時刻表：11點48分由巴丁屯出發，14點03分到
達且特南浴場／14點46分由且特南浴場出發，16點56分到達巴丁屯。

· 英國在1975年8月13日發行一組英國第一條公用鐵道（Public Railway）通車150周年紀念郵票，共四枚，圖案主題分別是四個時代的代表性機關車。其中面值10便士的圖案主題是城堡級（Castle Class）的「4073卡爾菲利城堡」（Caerphilly Castle）號蒸汽機關車，大西部鐵道（Great Western Railway）在1923年開始使用，如今保存於「史文敦蒸汽鐵道博物館」（Swindon Steam Railway Museum）。

· 位於加勒比海的內維斯（NEVIS）在1983年11月10日發行一組世界領先者（LEADERS OF THE WORLD）機關車專題郵票，其中面值1元的圖案主題是1924年製造的「城堡級」（CASTLE CLASS）中的「片登尼斯城堡」（序列編號4079 PENDENNIS CASTLE）號蒸汽機關車，分成上下各一枚相連，上一枚是「片登尼斯城堡」的左側及正面圖，下一枚是牽引客運列車正在前進中的「片登尼斯城堡」號蒸汽機關車。總重量129噸，車身長19.863公尺，動輪直徑2.045公尺。1964年退出營運後由大西部協會（Great Western Society）保存，1977年5月29日因賣給了澳洲「哈默思雷鐵礦」（Hamersley Iron最大的鐵礦生產者之一）而被運到西澳洲，該公司的載運鐵礦鐵道將它作為牽引參觀遊覽列車之用。到了1990年因維修困難而被封存了幾年，「哈默思雷鐵礦」為了「片得尼斯城堡」號有個好歸宿，於是在2000年將它運回英國，存放在大西部協會的「迪可特鐵道中心」（Didcot Railway Centre），2005年起進行大整修，原本預定在2008年可以回到鐵道幹線上運轉，但到了2013年還在進行整修。

・位於加勒比海的內維斯（NEVIS）在1985年8月31日為紀念大西部鐵道創立150周年
（150th ANNIVERSARY OF THE GREAT WESTERN RAILWAYS 1835-1935印在
郵票圖案的上緣）發行一組著名蒸汽機關車及設計師專題郵票，採左右聯刷方式印
製，其中面值2.50元的左聯圖案主題是1924年製造的「城堡級」「片登尼斯城堡」號
（PENDENNIS CASTLE CASTLE CLASS 4-6-0 1924）蒸汽機關車牽引「且特南飛行
者」特快列車正從隧道出來、右聯圖案主題是查理・寇列（C. B. Collett）主任機械技師
（城堡級蒸汽機關車的設計師）的肖像。

・位於西非的賴比瑞亞（LIBERIA）在1988年7月30日為紀念大西部鐵道創立150周年發
行四款小全張，面值皆為2元，其中一款的圖案主題是1950年製造的「7034因思城堡」
（Ince Castle）號蒸汽機關車牽引「布里斯托人」（THE BRISTOLIAN）號客運列車正
從隧道出來。

· 「4073卡爾菲利城堡」號蒸汽機關車於1964年退出營運後，在倫敦的科學博物館（Science Museum）做靜態展示時所拍攝的照片。

・「4073卡爾菲利城堡」號蒸汽機關車於1964年退出營運後，存放在
「迪可特鐵道中心」時所拍攝的運轉狀態。

29P

CHELTENHAM FLYER

· 英國在1985年 1月22日發行一套蒸汽機關車全盛時期的著名特快列車專題郵票，其中面值29便士的圖案主題是「且特南飛行者」（CHELTENHAM FLYER）特快列車，由城堡級的「5069布魯内爾」（Isambard Kingdom Brunel生於1806年、1859年逝世，曾任大西部鐵道的主任技師）號蒸汽機關車牽引。

13. 1930年南部鐵道的「學校級」（Schools Class）蒸汽機關車

「學校級」蒸汽機關車是主任機械技師茅恩賽（RICHARD EDWARD LLOYD MAUNSELL，1868～1944）為英國的南部鐵道需要牽引輕量（客車節數較少）客運快車所設計的型蒸汽機關車，由南部鐵道的東雷依工廠（EASTLEIGH WORKS）製造，生產期間為1930年至1935年，共造了40輛，車軸採4-4-0（4個導輪、4個動輪、無從輪）配置方式，導輪直徑0.940公尺、動輪直徑2.007公尺，裝置3個汽缸。「東南主幹線」（SOUTH EASTERN MAIN LINE）在1961年完成電力化，因此自1961年1月至1962年12月本級機關車陸續退出正式營運。本級在南部鐵道稱為「五級」（V CLASS），因為所有的40輛命名取自英國著名的公立學校，所以通稱為「學校級」。它是英國「4-4-0」車軸配置蒸汽機關車最後設計的一款，也是全歐洲生產的「4-4-0」車軸配置蒸汽機關車中最強力的一款。在南部鐵道時期的車輛編號是900～939，英國國有鐵道時期的車輛編號改為30900～30939。

南部鐵道最初以該鐵道網內的學校為名，將新造成的機關車送到離該校最近的車站舉行命名儀式，並且讓該校的學生登上「以他們學校為名」的機關車操控室參觀，達到宣傳效果，後來用幾間在南部鐵道營運區外的學校名稱，例如「編號920的拉格比」（RUGBY，橄欖球之意，在中部的沃里克郡WARWICKSHIRE）和「編號929的莫爾文」（MALVERN，在中部的武斯特郡WORCESTERSHIRE）。

由於本級性能不錯，因而被司機們讚譽為南部鐵道最佳的蒸汽機關車。在1938年，「編號928的史托威」（STOWE）號牽引四輛客車，從「多切斯特」到「威勒姆」（DORCHESTER TO WAREHAM都位於南部海岸），當列車接近「務爾鐵道車站」（WOOL RAILWAY STATION）時，創下本級的最快速紀錄──時速95英里（153公里）。

本級有3輛被保存，其餘都遭拆解，被拆解的32輛機關車名牌被存放在和車名相同的學校內建築物，如圖書館、校史館、校長室等。

「編號925的且特南」（CHELTENHAM）號被約克的國家鐵道博物館保存，最近經過整修後，曾參加2012年6月的鐵道節慶（RAILFEST）活動。

146

「編號926的雷舖屯」（REPTON）號現歸「北約克郡摩爾斯鐵道」（NORTH YORKSHIRE MOORS RAILWAY）所有，經過整修後，運轉狀況良好。

「編號928的史托威」（STOWE）號現歸「茅恩賽機關車協會」（MAUNSELL LOCOMOTIVE SOCIETY）所有，2013年已募得足夠款項將進行整修。

· 位於加勒比海的聖路西亞（ST. LUCIA）在1983年10月13日發行一組世界領先者（LEADERS OF THE WORLD）機關車專題郵票，其中面值1元的圖案主題是1930年製造的學校級（SCHOOLS CLASS）編號900（本級的第1輛）「依屯」號（ETON）蒸汽機關車，分成上下各一枚相連，上一枚是「依屯」號的左側及正面圖，下一枚是「依屯」號牽引客運快車在車站內的軌道上前進。

14. 1933年「皇家公主級」（Princess Royal Class）蒸汽機關車

「倫敦、中部地方和蘇格蘭鐵道」（LONDON, MIDLAND AND SCOTTISH RAILWAY，簡稱LMS）為了牽引往來「倫敦・尤斯屯車站」（LONDON EUSTON）、「格拉斯哥中央車站」（GLASGOW CENTRAL）的「皇家蘇格蘭人」（ROYAL SCOT）客運快速列車而製造，由該鐵道的主任機械技師威廉・史坦尼爾爵士（SIR WILLIAM ARTHUR STANIER，生於1876年，1965年去世）設計，自1933年至1935年，由克魯鐵道機關車工廠製造，分成兩批，第一批2輛、第二批11輛，共造了13輛。車身全長22.663公尺，總重量161.7噸，車軸配置採4-6-2型（4個導輪、6個動輪、2個從輪），導輪直徑0.91公尺、動輪直徑2.00公尺、從輪直徑1.10公尺，裝置4個汽缸，在1961-1962年間陸續退出正式營運。

本級的每一輛都以英國皇家的公主稱號來命名。**第一批的2輛分別是：**

「皇家公主」（THE PRINCESS ROYAL），最初編號「6200」，英國國有鐵道編號「46200」，1933年7月製造、1962年11月退出正式營運。當時英國皇家的公主就是指瑪莉公主（PRINCESS MARY, PRINCESS ROYAL，生於1897年，1965年去世），英國國王喬治五世（KING GEORGE V）和瑪莉王后（QUEEN MARY）的獨生女，也是現今伊莉莎白女王的姑媽。

「伊莉莎白公主」（PRINCESS ELIZABETH），最初
編號「6201」，英國國有鐵道編號「46201」，1933年11
月製造、1962年10月退出正式營運，至今仍被保存。當時
的伊莉莎白公主就是現今的伊莉莎白女王。

· 英國現存最大型的蒸汽機關車「伊莉莎白公主」號，由位於格羅
斯特郡聖灰教堂（Ashchurch）的「伊莉莎白公主機關車協會」
（Princess Elizabeth Locomotive Society）保存。

在第二批的11輛分別是：

「瑪格麗特・玫瑰公主」（PRINCESS MARGARET ROSE），最初編號「6203」，英國國有鐵道編號「46203」，1935年7月製造，1962年10月退出正式營運，如今存放在「得比郡・巴特雷的中部地方鐵道」（MIDLAND RAILWAY-BUTTERLEY IN DERBYSHIRE），歸「皇家公主級機關車基金會」（PRINCESS ROYAL CLASS LOCOMOTIVE TRUST）所有。瑪格麗特公主，生於1930年8月21日，2002年2月9日去世，是現今伊莉莎白女王的親妹。

「路易茲公主」（PRINCESS LOUISE），最初編號「6204」，英國國有鐵道編號「46204」，1935年7月製造，1961年10月退出正式營運。「路易茲公主」，生於1848年3月18日，1939年12月3日去世，是維多利亞女王的第四個女兒，所有子女中排行第六。

「維多利亞公主」（PRINCESS VICTORIA），最初編號「6205」，英國國有鐵道編號「46205」，1935年7月製造，1961年11月退出正式營運。維多利亞公主，生於1887年10月24日，1969年4月15日去世，是維多利亞女王最年幼的孫女——第22個孫女，西班牙國王阿方索十三世（ALFONSO XIII）的妻子，她的孫子「胡安・卡洛斯一世」（JUAN CARLOS I）是當今的西班牙國王。

「美莉・路易茲公主」（PRINCESS MARIE LOUISE），最初編號「6206」、英國國有鐵道編號「46206」，1935年8月製造，1962年10月退出正式營運。美莉・路易茲公主，生於1872年8月12日，1956年12月8日去世，是維多利亞女王的外孫女，她的母親海蓮那公主（THE PRINCESS HELENA）是維多利亞女王的第三個女兒，排行第五。

「孔諾特的亞瑟公主」（PRINCESS ARTHUR OF CONNAUGHT），最初編號「6207」，英國國有鐵道編號「46207」，1935年8月製造，1961年

11月退出正式營運。孔諾特的亞瑟公主，生於1891年5月17日，1959年2月26日去世，是英國國王愛德華七世（KING EDWARD VII）的外孫女，她的母親是愛德華七世的長女。

「海蕾那‧維多利亞公主」（PRINCESS HELENA VICTORIA），最初編號「6208」，英國國有鐵道編號「46208」，1935年8月製造，1962年10月退出正式營運。海蕾那‧維多利亞公主，生於1870年5月3日- 1948年3月13日去世，是維多利亞女王的外孫女，她的母親海蕾那公主（THE PRINCESS HELENA）是維多利亞女王的第三個女兒，排行第五。

「碧亞翠絲公主」（PRINCESS BEATRICE），最初編號「6209」，英國國有鐵道編號「46209」，1935年8月製造，1962年9月退出正式營運。碧亞翠絲公主，生於1857年4月14日，1944年10月26日去世，是維多利亞女王的最小子女，排行第五。

「帕翠西亞夫人」（LADY PATRICIA，原封號PRINCESS PATRICIA OF CONNAUGHT），最初編號「6210」，英國國有鐵道編號「46210」，1935年9月製造、1961年10月退出正式營運。帕翠西亞夫人，生於1886年3月17日，1974年1月12日去世，是維多利亞女王的孫女，她的父親亞瑟王子是維多利亞女王的第三個兒子，排行第七，結婚後放棄公主封號。

「模德王后」（QUEEN MAUD），最初編號「6211」、英國國有鐵道編號「46211」，1935年9月製造，1961年10月退出正式營運。「模德王后」（生於1869年11月26日～1938年11月20日去世）是英王愛德華七世（EDWARD VII）的最小女兒，婚前曾獲封威爾斯的模德公主（PRINCESS MAUD OF WALES），後來成為挪威國王哈孔七世（HAAKON VII）的配偶，1906年6月22日加冕為王后。

「肯特女公爵」（DUCHESS OF KENT），最初編號「6212」，英國國有鐵道編號「46212」，1935年10月製造，1961年10月退出正式營運。肯特女公爵，生於1906年12月13日，1968年8月27日去世，本來的封號是希臘及丹麥瑪麗那公主（PRINCESS MARINA OF GREECE AND DENMARK），因下嫁英國的肯特公爵‧喬治王子（PRINCE GEORGE, DUKE OF KENT英國國王喬治五世的第四個兒子）而改封號。

‧ 位於南太平洋的吐瓦魯（TUVALU）的努依（NUI）在1984年3月19日發行一組世界領先者（LEADERS OF THE WORLD）機關車專題郵票，其中面值50分的圖案主題是1935年製造的「瑪格麗特‧玫瑰公主」號，分成上下各一枚相連，上一枚是「瑪格麗特‧玫瑰公主」號的左側及正面圖，下一枚是「瑪格麗特‧玫瑰公主」號牽引客運列車正在前進。1936年11月17日，「瑪格麗特‧玫瑰公主」號曾牽引客運快速列車從格拉斯哥到倫敦，創下僅5小時44分的快速紀錄。

‧ 位於南太平洋的吐瓦魯的努庫磊磊（NUKULAELAE-TUVALU）在1986年6月30日發行一組世界領先者（LEADERS OF THE WORLD）機關車專題郵票，其中面值1.50元的圖案主題是1936年製造的「渦輪動力」（TURBOMOTIVE）號，分成上下各一枚相連，上一枚是「渦輪動力」號的左側及正面圖，下一枚是「渦輪動力」號牽引客運列車正在前進。

「渦輪動力」號是原編號「6202」的「皇家公主級」車體，車身全長22.663公尺，總重量167.8噸，車軸配置採4-6-2型（4個導輪、6個動輪、2個從輪），導輪直徑0.91公尺、動輪直徑1.98公尺、從輪直徑1.14公尺。為了試驗蒸汽渦輪發動機的熱功能效率，而改用蒸汽渦輪發動機，在1936至1945年之間跑了300,000英里（480,000公里），符合期待比傳統的汽缸式更能節省燃媒和用水，但是經過長期的高速旋轉，渦輪的葉片受到磨損後，1949年退出營運。1952年經過改造，換了新的車身骨架和「加冕公主級」的汽缸零件，編號「46202」、命名為「安妮公主」（PRINCESS ANNE），「安妮公主」是現今伊莉莎白女王的獨生女。

1952年10月8日上午8時19分，正式運轉的僅僅兩個月後，在倫敦的「哈羅和曠野石車站」（HARROW AND WEALDSTONE STATION），由「安妮公主」號和「禧慶級」的「迎風群島」號（NO. 45637 JUBILEE CLASS "WINDWARD ISLANDS"）共同牽引從尤斯屯（EUSTON）開往利物浦的客運快車撞上一列來自蘇格蘭伯斯（PERTH, SCOTLAND）的夜快車而嚴重毀損，後來經評估，認為「安妮公主」號和「迎風群島」號都不值得修復而遭到解體。克魯工廠就利用拆解後仍然可以用的零件和器材修復牽引來自伯斯快車的機關車──編號46242加冕級的「格拉斯哥市」號（NO. 46242 CORONATION CLASS "CITY OF GLASGOW"）。

「哈羅和曠野石車站」撞車事件造成112名人員（包括伯斯快車的司機、司爐和利物浦快車前一輛機關車的司機）不幸罹難、340名人員受傷，其中88名人員住院醫療，成為英國鐵道史上在平時死傷最慘重的一次事故。事故起因：

1952年10月8日上午7時31分，由編號NO. 42389的蒸汽機關車牽引一列共9節客車的當地通勤客運列車從崔寧（TRING）站出發前往尤斯屯（EUSTON）站，途中因起大霧而遲了約7分鐘停在「哈羅和曠野石車站」，如照原定的規劃，本列車應停在慢速行車線上，但是車站為了調度空的車輛而保持慢速行車線南向的淨空，於是將通勤客運列車移入快速行車線上。8時19分，一列來自蘇格蘭伯斯（PERTH, SCOTLAND）的夜快車（由1輛機關車和11節客車編成，乘客約85名）也是誤點，正以時速約80至100公里通過一個亮出注意的黃色信號燈以及兩個顯示危險的臂板式信號機後，進入快速行車線不久之後，立即撞上通勤客運列車（乘客約800名）的後端。就在第一次撞擊後的一、二秒，由兩輛機關車牽引15節客車（乘客約200名）時速約100公里以相反方向進入緊鄰的一條快車線，前頭的機關車撞上牽引伯斯夜快車的機關車（正在出軌傾覆），短短的一、二秒接連發生三列客車互撞，因而造成此次慘重的人員傷亡事故。

15. 1934年「史坦尼爾5級」（Stanier Class 5）蒸汽機關車

「倫敦、中部地方和蘇格蘭鐵道」（LONDON, MIDLAND AND SCOTTISH RAILWAY，簡稱LMS）為了牽引任何編組的列車而製造，由該鐵道的主任機械技師威廉・史坦尼爾爵士（SIR WILLIAM ARTHUR STANIER，1876-1965）設計，自1934年至1951年分別在5間鐵道機關車工廠製造，共造了842輛。

「倫敦、中部地方和蘇格蘭鐵道」的克魯工廠（CREWE WORKS）造了241輛；「倫敦、中部地方和蘇格蘭鐵道」的得比工廠（DERBY WORKS）造了54輛；「倫敦、中部地方和蘇格蘭鐵道」的霍依去工廠（HORWICH WORKS）造了120輛；火神鑄造廠（VULCAN FOUNDRY）造了100輛；阿姆斯壯・懷特沃斯廠（ARMSTRONG WHITWORTH）造了327輛。

車身全長20.618公尺，總重量129噸，車軸配置採4-6-0型（4個導輪、6個動輪、無從輪），導輪直徑1.003公尺、動輪直徑1.829公尺，裝置2個汽缸，在1961～1968年間陸續退出正式營運。它的用煤效率高（符合省煤的經濟原則），可以超過時速90英里（144公里）牽引快速客運列車或是地方線的貨運列車。由於它的可靠性和穩定性頗高，因而博得機關車司機的信賴和鐵道迷的喜好，至今仍有18輛被保存。

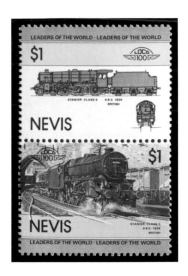

· 位於加勒比海的內維斯（NEVIS）在1983年11月10日發行一組世界領先者（LEADERS OF THE WORLD）機關車專題郵票，其中面值1元的圖案主題是1934年製造的「史坦尼爾5級」（STANIER CLASS 5）蒸汽機關車，在早期車身被塗成黑色，因此本級被稱為「黑五」（The Black Five）級，分成上下各一枚相連，上一枚是「黑五」蒸汽機關車的左側及正面圖，下一枚是牽引客運列車正在前進中的編號44806「黑五」蒸汽機關車。編號44806至今仍可運轉，被保存於威爾斯地區的郎勾連鐵道（Llangollen Railway，長13.7公里的保存鐵道）。

· 位位於西非的幾內亞共和國（République du Guinée）幾內亞郵局（Office de la Poste Guinéenne）在2001年6月8日發行一款「世界值得紀念的世界鐵路機關車」（LES CHEMINS-DE-FER DU MONDE LOCOMOTIVES CÉLÈBRES）小全張，面值4,000法郎，圖案主題是英國（法文Angleterre）的「史坦尼爾·黑五」級（Stanier Black 5）蒸汽機關車牽引客運列車、圖案最左側是臂板式信號機。

16. 1935年「禧慶級」（Jubilee Class）蒸汽機關車

禧慶級的「禧慶」原意為英國的銀禧慶典，而銀禧（SILVER JUBILEE）是指英國在1935年為紀念國王喬治五世（生於1865年6月3日、1936年1月20日去世）登基25週年（1910年5月6日登基）所舉辦的慶典活動。

「倫敦、中部地方和蘇格蘭鐵道」（LONDON, MIDLAND AND SCOTTISH RAILWAY，簡稱LMS）將禧慶級蒸汽機關車作為在幹線牽引客車之用，在1934年至1936年間共生產了191輛。原來由亨利·福勒（HENRY FOWLER）爵士所設計的愛國者級（PATRIOT CLASS）蒸汽機關車，最後一批的五輛，序列編號5552至5557，採用威廉·史塔尼爾（WILLIAM STANIER）設計的錐形鍋爐，因而成為禧慶級的的第一批。

禧慶級的第一輛序列編號5552，1935年4月19日被命名為銀禧（SILVER JUBILEE）號。十天後，在1935年4月19日和原來序列編號5642互換號碼，原來的5552號被改為5642號（在1936年4月被命名為BOSCAWEN以紀念英國海軍提督EDWARD BOSCAWEN），原來的5642號被改為5552號，沿用銀禧（SILVER JUBILEE）號名稱。

註：原先序列編號5552在1934年5月造成，製造廠號（Maker's Number）：63、批號（Lot Numbe）：97，在1965年1月退出營運。
　　原先序列編號5642在1934年12月造成，製造廠號（Maker's Number）：203、批號（Lot Number）：112，在1964年9月退出營運。

自序列編號5553至5638以當時大英帝國殖民地、附屬地和其所轄邦、省為名稱，以後以海軍提督、探險家、著名軍艦等為名稱。

· 位於南太平洋的吐瓦魯（TUVALU）的夫那夫提（FUNAFUTI）在1984年3月19日發行一組世界領先者（LEADERS OF THE WORLD）機關車專題郵票，其中面值15分的圖案主題是「禧慶5XP」級（JUBILEE CLASS 5XP）的「寇哈普」（KOLHAPUR）號機關車蒸汽車，分成上下各一枚相連，上一枚是「寇哈普」號的左側及正面圖，下一枚是「寇哈普」號牽引客運快車自車站出發。

註：5XP是指動力能量介於第5P和第6P級之間；Kolhapur是指英國統治印度時在西部濱海的王侯自治邦（princely state）。

「寇哈普」號在1934年12月造成，序列編號5593，1936年5月命名，車身長19.723公尺，車身136.4噸，車軸採4-6-0（4個前導輪、6個驅動輪）配置方式，動輪直徑2.057公尺。

1942年「寇哈普」號曾牽引一列客車載著英國首相邱吉爾從利物浦返回倫敦（在他和美國總統羅斯福會談後的回程）。1967年10月退出營運，之後未遭解體而被保存，成為本級幸存三輛中之一輛。車身原本漆綠色，1980年代被改漆為鮮紅色，1995年被改漆回成綠色。目前保存於得比郡（DERBYSHIRE）的壩樓丘機關車庫（BARROW HILL ENGINE SHED）做靜態展示。

1996年加拿大舉行世界級國際郵展（代號CAPEX' 96）英國的各附屬地為共襄盛舉，發行紀念小全張，圖案右上角印郵展標誌、主題選用以該附屬地為名稱的禧慶級蒸汽機關車牽引客運列車。

（郵票實際尺寸：圖片尺寸=1：0.86）

・位於南太平洋的基里巴斯（KIRIBATI，1979年7月12日獨立）在1996年6月
8日發行，獨立前是英國的屬地稱為「吉伯特和愛利斯群島」（GILBERT
AND ELLICE ISLANDS），小全張內含一枚面值2元的郵票，小全張圖案右
下印「吉伯特和愛利斯群島」號蒸汽機關車身兩側中央位置的「名稱板」，
左下印兩行英文：「No.5609 GILBERT AND ELLICE ISLANDS」「LMS
JUBULEE CLASS 4-6-0 LOCOMOTIVE」，即：「編號5609吉伯特和愛利
斯群島」「倫敦、中部地方和蘇格蘭鐵道 禧慶級4-6-0型機關車」之意。

註：「吉伯特和愛利斯群島」號於1934年7月造成，1936年9月命名，1960年9
月退出營運。（第一輛正式退出營運的禧慶級蒸汽機關車）

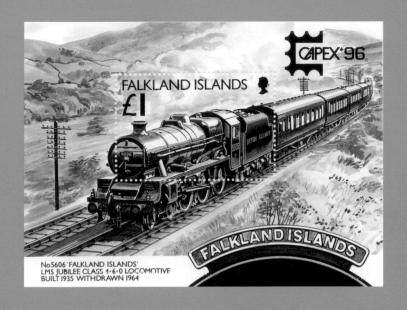

（郵票實際尺寸：圖片尺寸=1：0.87）

· 位於南大西洋西南邊的福克蘭群島（FALKLAND ISLANDS）在1996年6月8日
發行，目前是英國的屬地，小全張內含一枚面值1英鎊的郵票，小全張圖案右
下印「福克蘭群島」號蒸汽機關車車身兩側中央位置的「名稱板」，左下印三
行英文：「No.5606 FALKLAND ISLANDS」「LMS JUBILEE CLASS 4-6-0
LOCOMOTIVE」「BUILT 1935 WITHDRAWN 1964」，即：「編號5606福克
蘭群島」「倫敦、中部地方和蘇格蘭鐵道 禧慶級4-6-0型機關車」「1935年製
造 1964年退役」之意。

註：福克蘭群島號於1935年4月造成，1936年9月命名，1964年6月退出營運。

LMS JUBILEE CLASS 4-6-0 LOCOMOTIVE
No 5624 'ST.HELENA' NAMED AFTER THE ISLAND
OF ST.HELENA. BUILT IN 1934 & OPERATED BY LONDON
MIDLAND SCOTTISH RAILWAY & BRITISH RAILWAYS.
WITHDRAWN IN 1963.

（郵票實際尺寸：圖片尺寸=1：0.96）

・位於南大西洋西中央的聖赫蕾那（ST. HELENA）在1996年6月
8日發行，目前是英國的屬地，小全張內含一枚面值1英鎊的郵
票，小全張圖案右下印「聖赫蕾那」號蒸汽機關車身兩側中央
位置的「名稱板」，左下印五行英文：「LMS JUBILEE CLASS
4-6-0 LOCOMOTIVE」「No.5624 ST. HELENA NAMED AFTER
THE ISLAND」「OF ST. HELENA BUILT IN 1934 & OPERATED
BY LONDON」「MIDLAND SCOTTISH RAILWAY & BRITISH
RAILWAYS」「WITHDRAWN IN 1963」，即：「倫敦、中部地方和
蘇格蘭鐵道 禧慶級4-6-0型機關車」「編號5624聖赫蕾那以聖赫蕾那
島命名1934年造成」「由倫敦、中部地方和蘇格蘭鐵道以及英國鐵道
營運」「1963年退役」之意

註：聖赫蕾那號於1934年10月造成，1936年1月命名，1963年11月退出
　　營運。

（郵票實際尺寸：圖片尺寸=1：0.87）

· 位於加勒比海的聖基茲（ST. KITTS，1983年9月19日獨立）在1996年6月8日發行，獨立前屬於英國的背風群島（LEEWARD ISLANDS）屬地，小全張內含一枚面值10元的郵票，小全張圖案右下印「背風群島」號蒸汽機關車車身兩側中央位置的「名稱板」，左卜印兩行英文：「No.5614 LEEWARD ISLANDS」「LMS JUBILEE CLASS 4-6-0 LOCOMOTIVE」，即：「編號5614背風群島」「倫敦、中部地方和蘇格蘭鐵道禧慶級4-6-0型機關車」之意。

註：背風群島號於1934年8月造成，1937年1月命名，1964年1月退出營運。

小全張圖案右邊是流線型蒸汽機關車「加拿大自治領」號。小全張圖案左上印三行英文：「DOMINION OF CANADA」「No.4489 DOMINION OF CANADA」「LNER A4 PACIFIC CLASS 4-6-2 LOCOMOTIVE」，即：「加拿大自治領」「編號4489 加拿大自治領」「倫敦和東北部鐵道 A4型太平洋級 4-6-2型機關車」之意。

註：「加拿大自治領」號曾在1937年出廠的那一年創下時速達109.5英里（約176公里）的快速記錄，自1965年5月起至今保存於加拿大鐵道博物館（Canadian Railway Museum位於魁北克的聖孔斯坦Saint-Constant, Quebec）。

（郵票實際尺寸：圖片尺寸=1：0.96）

・位於西非的獅子山（SIERRA LEONE）在1955年5月23日發行一款「世界的鐵道」（RAILWAYS OF THE WORLD）小全張內含一枚面值Le 1500元的郵票，小全張圖案上方印「古典型蒸汽機關車」（CLASSIC STEAM LOCOMOTIVES），圖案主題是「獅子山」號蒸汽機關車牽引客運列車正進入西斯屯（SYSTON，英國中部的小鎮）車站，郵票圖案右下印兩行英文：「BRITISH RAILWAYS JUBILEE CLASS 4-6-0」「LOCOMOTIVE No.45627 NAMED "SIERRA LEONE"」，即：「英國鐵道 禧慶級4-6-0型」「機關車 編號45627 取名獅子山」之意。

註：獅子山號於1934年11月造成，1936年4月命名，1966年9月退出營運。

（郵票實際尺寸：圖片尺寸=1：0.87）

· 位於西非的賴比瑞亞（LIBERIA）在1996年2月29日發行一款蒸汽機關車小全
張，面值1元，圖案主題是禧慶級的「日德蘭」號蒸汽機關車牽引客運列車正
進入吉特陵（KETTERING）車站，小全張圖案的右上緣印一行英文：「LMS
JUBILEE CLASS 4-6-0, NO.45684 "JUTLAND"」，即：「倫敦、中部地方和
蘇格蘭鐵道 禧慶級4-6-0型機關車 編號45684 『日德蘭』」之意。「日德蘭」是
第一次世界大戰中規模最大的海戰名稱，英國和德國海軍在北歐的日德蘭半島
（丹麥的主要部分）西方海域發生激烈戰鬥。
註：「日德蘭」號於1936年2月造成，「日德蘭」1936年2月命名，1965年12月退出
營運。

· 禧慶級（Jubilee Class）「巴哈馬」（BAHAMAS）號蒸汽機關車在1967年
8月被「巴哈馬機關車協會」（Bahamas Locomotive Society）購買而加以
保存，存放於得比郡丁亭鐵道中心（Dinting Railway Centre, Derbyshire）
時所拍攝的運轉狀態。「巴哈馬」號的序列編號「5596」，在1935年1月造
成，1936年6月命名，1966年7月退出營運。

17. 1935年專門牽引重貨物列車的8F級蒸汽機關車

「倫敦、中部地方和蘇格蘭鐵道」（LONDON, MIDLAND AND SCOTTISH RAILWAY，簡稱LMS）為了牽引較重的貨物列車，由該鐵道的主任機械技師威廉‧史坦尼爾爵士（SIR WILLIAM ARTHUR STANIER，生於1876年，1965年去世）設計，自1935年至1946年分別在十間鐵道機關車工廠製造，共造了852輛。8F級車身全長19.221公尺，總重量127.78噸，車軸配置採2-8-0型（2個導輪、8個動輪、無從輪），導輪直徑1.003公尺、動輪直徑1.435公尺，裝置2個汽缸，英國鐵道使用的8F級在1960～1968年間陸續退出正式營運。

在第二次世界大戰爆發後，8F級蒸汽機關車被英國的戰爭部（WAR DEPARTMENT負責供應軍隊所需的設備和執行軍事活動）選為「國家標準貨運設計」（THE COUNTRY'S STANDARD FREIGHT DESIGN），委由「貝耶‧孔雀」和「北英國機關車公司」（BEYER PEACOCK AND NORTH BRITISH LOCOMOTIVE COMPANY）在1940年至1942年之間分別製造了50輛（編號WD 400～449）、158輛（編號WD 300～399, 500～524, 540～571, 623）共計208輛，並且徵用了五十多輛。在大戰期間，戰爭部為了支援英國的海外遠征軍，將部分8F級蒸汽機關車送到埃及、巴勒斯坦（現今的以色列）、伊朗、意大利，戰後將這些機關車賣給當地的鐵道公司，其中一部分賣給土耳其、伊拉克。

埃及國有鐵道（EGYPTIAN STATE RAILWAYS，簡稱ESR）在1942年至1954年向英國陸軍的中東部隊（THE BRITISH ARMY'S MIDDLE EAST FORCES，簡稱MEF）總共購買了62輛8F級蒸汽機關車，一直運轉到1963年。

1941年英國和蘇聯佔領伊朗後，戰爭部要利用穿越伊朗鐵道（TRANS-IRANIAN RAILWAY）將作戰物資運到蘇聯，於是在1941至1942年運送163輛8F級蒸汽機關車，但只有143輛抵達（其中12輛在海運途中失落，8輛受損送回英國），伊朗國有鐵道將它改稱為41級。

隨後美國陸軍的運輸兵團派遣隊帶著專用的柴油動力機關車來到伊朗，使得很多8F級蒸汽機關車派不上用場，於是在1944年將50輛8F級轉交給英軍的中東部隊。戰後伊朗的石油產量增加，對蒸汽機關車的需求則大減，在1945年至1948年間將59輛8F級轉交給英軍的中東部隊、12輛8F級轉交給伊拉克。剩下的22輛一直運轉到1963年才退出營運。

10輛屬於戰爭部的8F級蒸汽機關車，在1946年至1947年從伊朗移轉到伊拉克，賣給伊拉克國有鐵道（IRAQI STATE RAILWAYS）。1948年伊拉克向伊朗另外買了2輛，改稱為TD級，一直運轉到1970年代。

在1944年15輛之前交給伊朗的8F級蒸汽機關車由英國的中東部隊轉送到意大利戰場，戰後全數賣給意大利國有鐵道（FERROVIE DELLO STATO），改為FS737級，一直運轉到1950年代。

在1942年英國的中東部隊將一些8F級蒸汽機關車租借給巴勒斯坦鐵道（PALESTINE RAILWAYS），1947年中東部隊將24輛8F級賣給巴勒斯坦鐵道。緊接著1948年爆發以色列-阿拉伯戰爭，以色列鐵道（ISRAEL RAILWAYS）接收了23輛8F級，一直運轉到1958年。1967年又爆發以色列——阿拉伯戰爭，以色列軍隊入侵約旦河西岸地區，一些8F級蒸汽機關車被棄置於佔領區的鐵道上，大約在1973年以色列將它們移走後拆解。

英國的戰爭部在1941年將新造的25輛8F級蒸汽機關車賣給土耳其國有鐵道，但其中有7輛在海運途中失落，1943年又交了2輛，土耳其國有鐵道總共收到20輛，改稱為TCDD 45151級，一直運轉到1980年代。

18. 1936年世界上最快速的蒸汽機關車：「野鴨」（Mallard）號

1936年5月11日德國的流線型蒸汽機關車05型第2輛在漢堡和柏林之間的軌道上牽引197噸列車達到時速200.4公里（124.5英里）創下蒸汽機關車的世界最快速度記錄。消息一傳到英國，震驚了英國的各大鐵道公司，對於現代鐵道的始祖而言，面子實在掛不住。於是各大鐵道公司決定扳回顏面，其中以「倫敦和東北部鐵道」（LONDON AND NORTH EASTERN RAILWAY）最為積極，早在1935年由主任技師奈節爾・葛雷茲利爵士（SIR NIGEL GRESLEY）指導設計，在「動喀斯特」（DONCASTER）廠製造出「A4級車軸配置4-6-2式太平洋型」蒸汽機關車（CLASS A4 4-6-2 PACIFIC STEAM LOCOMOTIVE）作為牽引快速列車之用。為了新型蒸汽機關車能跑得更快速，於是在車身的內外都做突破性的設計，在外部將車身改為整體流線型，以減少行進間的阻力。當時為了減少阻力，一般蒸汽機關車排煙口的設計採取低煙筒套環，但是在快速行進時容易造成濃煙四散，阻礙司機的視野，因此在A4級的排煙口外環加裝一圈能使氣流上升（UPDRAUGHT）的環狀板，就可將冒出的煤煙集中向上衝高，而不會妨礙司機的視野。至於內部設計，採取增加火爐室的受熱面積、提升鍋爐的

壓力、蒸汽通路線更加流暢等改善對策，使得煤炭和水的消耗能發揮更大的功能，在相同時間產生更大的蒸汽壓力，進而增加動輪的轉速。

尼格爾・葛雷茲利爵士設計的第一批A4級蒸汽機關車在1935年加入營運，牽引新快速客運列車，從倫敦的國王十字車站（LONDON KING'S CROSS）到新堡（NEWCASTLE），為了紀念英國國王喬治五世登基二十五年（1910年登基），將列車取名「銀禧」（SILVER JUBILEE）號。

第一批A4級蒸汽機關車共有四輛，編號、名稱、加入及退出營運日期如下：

2509號「銀環」（SILVER LINK），1935年9月7日加入，1962年12月29日退出。

2510號「速銀」（QUICKSILVER），1935年9月21日加入，1963年4月25日退出。

2511號「銀王」（SILVER KING），1935年11月05日加入，1965年3月19日退出。

2512號「銀狐」（SILVER FOX），1935年12月18日加入，1963年10月20日退出。

「銀環」號在1935年9月29日第一次牽引快車從國王十字車站出發，在行程中打破英國鐵道的最快速記錄，時速達到112.5英里（180.3公里）。

由於尼格爾・葛雷茲利爵士是一位觀察敏銳的鳥類學家，第二批六輛編號自4482至4487，分別以快速飛翔的鳥類命名，依序取名為「金鷹」（GOLDEN EAGLE）、「魚狗」（KINGFISHER）、「獵鷹」（FALCON）、「茶隼」（KESTREL）、「鳩隼」（MERLIN）、「海鷹」（SEA EAGLE），象徵A4級蒸汽機關車有如鳥類飛快的性能。

接著五輛編號自4488至4492，分別以大英國協內的大國命名，依序取名為「南非聯邦」（UNION OF SOUTH AFRICA）、「加拿大自治領」（DOMINION OF CANADA）、「印度帝國」（EMPIRE OF INDIA）、「澳大利亞國協」（COMMONWEALTH OF AUSTRALIA）、「紐西蘭自治領」（DOMINION OF NEW ZEALAND），作為牽引英格蘭至蘇格蘭的「加冕」（CORONATION，紀念英王喬治六世GEORGE VI在1937年5月12日加冕）號新型快車之用。編號自4495至4497的二輛，作為牽引「西部騎馬道特快車」（WEST RIDING LIMITED）之用，以三個羊毛線品牌「金羊毛織品」（GOLDEN FLEECE）、「金梭」（GOLDEN SHUTTLE）、「金雎鳩」（GOLDEN PLOVER）命名。編號4498則以本級機關車的設計師奈節爾・葛雷茲利爵士（SIR NIGEL GRESLEY）命名。之後編號「4493、4494、4462至4469、4499、4500、4900至4903」等18輛原本以鳥類命名，其中九輛因為受到取名「奈節爾・葛雷茲利爵士」（也是鐵道公司的董事）的影響而改用鐵道公司董事的姓名。A4級蒸汽機關車總共生產了35輛，在1962年至1966年間陸續退出營運，至今保存六輛分別是：

原編號	英國國鐵編號	名稱	保存地	狀況
4464	60019	鸕鷺 （BITTERN）	中漢茲水田芥鐵道 （MID HANTS WATERCRESS RAILWAY）	尚可運轉
4468	60020	野鴨 （MALLARD）	約克・國家鐵道博物館 （NATIONAL RAILWAY MUSEUM, YORK）	靜態展示
4488	60009	南非聯邦 （UNION OF SOUTH AFRICA）	受恩屯 （THORNTON, FIFE）	尚可運轉
4489	60010	加拿大自治領 （DOMINION OF CANADA）	加拿大鐵道博物館 （CANADIAN RAILWAY MUSEUM）	靜態展示
4496	60008	愛森豪威爾 （DWIGHT D EISENHOWER）	威斯康辛州綠灣國家鐵道博 物館 （NATIONAL RAILROAD MUSEUM, GREEN BAY, WISCONSIN）	靜態展示
4498	60007	奈節爾・葛雷茲利爵士 （SIR NIGEL GRESLEY）	北約克郡幕爾斯鐵道 （NORTH YORKSHIRE MOORS RAILWAY）	尚可運轉

其中編號4468取名「野鴨」（MALLARD）號的蒸汽機關車在1938年7月3日創下蒸汽機關車最快速的世界記錄，時速高達126英里（203公里），至今仍然保持此項最快記錄。

「野鴨」號車身長71英尺（21.64公尺），車身重165噸，車軸採4-6-2（4個導輪、6個動輪、2個從輪）配置方式，動輪直徑6英尺8英寸（2.032公尺），為求高速行進時的穩定性，所以採用3個汽缸，受熱面積240平方公尺，蒸汽壓力250磅／平方英寸（17.5公斤／平方公分），炭水車可裝載8噸煤炭、5,000加崙的水（23立方公尺）。

創記錄的路段是東海岸幹線上格蘭散（GRANTHAM）南方稍微向下坡的「加燃料斜坡」（STOKE BANK），位於小拜散（LITTLE BYTHAM）和埃森丁（ESSENDINE）之間，創記錄的地點在里程碑90¼英里處，當時操控「野鴨」號的司機是約瑟夫・杜丁屯（JOSEPH DUDDINGTON）、司爐（FIREMAN）是托瑪斯・布萊（THOMAS BRAY）。「加燃料斜坡」的向下坡度是從1：178降到1：200，「野鴨」號牽引六節客車和一節「記錄計測車」（DYNAMOMETER CAR）經過坡頂後，時速達到121公里，接著加速往下坡路段衝，在最初的1.6公里路段時速由87½英里（141公里）、96½英里（155公里）、104英里（167公里）、107英里（172公里）、111½英里（179公里）、116英里（187公里），加速到119英里（192公里）；緊接著的八百公尺路段時速再由120¾英里（194公里）、122½英里（197公里）、123英里（198公里）、124¼英里（200公里），衝到125英里（201公里），之後過了幾秒，「記錄計測車」的測速計指針突然出現瞬間126英里（203公里）的世界最快速記錄。但是「倫敦和東北鐵道」宣稱最快的平均時速是125英里（201公里）。當奪得世界記錄不久之後，機關車內部汽缸軸承的曲柄梢（CRANK PINS）因為過熱而熔化，列車無法繼續衝到倫敦，只得停在最近的彼得自治區（PETERBOROUGH，該市政廳位於倫敦市中心北方118.6公里）車站，「野鴨」號被拖回「動喀斯特」工廠修理。

在1938年3月3日加入營運，到了1963年4月25日退出營運時，總計運轉里程數超過240萬公里。1988年為紀念「野鴨」號開始營運五十周年而進行修復可以做動態展示，但在2007年5月因為無法取得鍋爐的安全檢查合格證書而正式退役。

・英國著名的「宏比」（HORNBY專門生產英國的1：87比例之HO規格鐵道車輛模型）品牌
所推出的「FLIGHT OF THE MALLARD野鴨號的飛奔特快列車」套裝組。由1938年倫敦和
東北鐵道London and North Eastern Railway（簡稱為LNER）的Class A4蒸汽機關車編號
「4468」牽引三節豪華旅客車廂編成的列車。

・英國著名的「宏比」（HORNBY專門生產英國的1：87比例之HO規格鐵道車輛模型）品牌所
推出的Class A4蒸汽機關車編號「4462」、車名「大鷸」（Great Snipe），在1937年12月10
日加入營運，到了1966年7月17日退出營運。

· 英國在1988年5月10日發行一組歐羅巴專題郵票（EUROPA歐洲各國共同發行同一主題郵票），當年的專題是「運輸和通訊」，其中面值18便士的圖案主題是1938年「倫敦和東北部鐵道」A4級蒸汽機關車的「野鴨」號蒸汽機關車（車頭下面標示序列編號4468），圖案右邊是當時在快車不停靠的車站豎立吊物架，架上鉤著皮包（內裝急需送達的信件或物品）交給將要通過的快車，快車上的司機用特殊的鉤子將皮包鉤起後迅速收進操控室，通常在皮包上黏貼或另外綁一張指示條，司機就依照指示條處理皮包。當快車在行進間，要將皮包鉤進操控室，看似簡單，其實要將時間掌握得十分精準，的確是件不容易的差事，所以那個年代的司機都要經過嚴格的鉤皮包訓練，因為皮包中有一樣最重要的信物就是列車通行的路牌，經過下一個信號管制站要交出通行的路牌，否則列車無法繼續通行。當時不像現在有良好的無線電通訊設備，所以行進間的通訊就得依靠「鉤皮包」，萬一司機沒鉤到的話，該站的站長就得立即打電話或發電報通知下一個車站做補救措施。

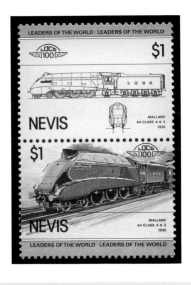

· 位於加勒比海的內維斯（NEVIS）在1983年11月10日發行一組世界領先者（LEADERS OF THE WORLD）機關車專題郵票，其中面值1圓的圖案主題是「A4級」的「野鴨」號蒸汽機關車，分成上下各一枚相連，上一枚是「野鴨」號的左側及正面圖，下一枚是「野鴨」號蒸汽機關車牽引客運快車。

17P

FLYING SCOTSMAN

· 英國在1985年22日發行一組蒸汽機關車全盛時期的著名特快列車專題郵票,其中面值17便士的圖案主題是在1947年運轉的「飛快的蘇格蘭人」(FLYING SCOTSMAN)號豪華特快列車,由「倫敦和東北鐵道」A4級蒸汽機關車的「奈節爾‧葛雷茲利爵士」號牽引。

· 位於中非西方海上的島國「聖托梅和
太子」（S.TOMÉ E PRÍNCIPE）在
1982年發行一組機關車專題郵票，
其中面值Db 16的圖案主題是「A4
級」的「野鴨」號蒸汽機關車，國名
上印「LNER」即London and North
Eastern Railway「倫敦和東北部鐵
道」的簡稱，圖案左上側印「Mallard
（Grã-Bretanha）1938」即「野鴨
（大不列顛即英國的別稱）1938年」
之意。

· 位於西非的尼日共和國（REPUBLIQUE
DU NIGER）在1974年5月24日發行一
組機關車專題郵票，其中面值100法郎
的圖案右下是「A4級」的「野鴨」號蒸
汽機關車及一段法文「ANGLETERRE
LOCOMOTIVE 231 "MALLARD"
（1939）」，即：「英國機關車 2軸
導輪、3軸動輪、1軸從輪 『野鴨』
1939年」之意，左上一段法文「U.S.A.
LOCOMOTIVE 220（1866）」，即：
「美國機關車 2軸導輪、2軸動輪 1866
年」之意。

· 位於西非的甘比亞（The GAMBIA）發行一組世界著名機關車和列車專題郵票，其中面值D7的圖案主題是「A4級」的「野鴨」號蒸汽機關車，操控室窗戶之下漆序列編號「4468」，圖案右下印「Mallard-Britain」即「野鴨—不列顛」之意。

· 位於加勒比海的聖文森附屬島的貝基亞（BEQUIA GRENADINES OF ST. VINCENT）在1986年9月30日發行一組著名機關車設計師專題郵票，其中面值2.50元的圖案右邊是「奈節爾·葛雷茲利爵士」主任機械技師的肖像、左邊是「野鴨」號蒸汽機關車牽引客運快車正從信號機鐵架下通過。右下印4行英文：「SIR NIGEL GRESLEY」（1936年被冊封為爵士）「LONDON & NORTH EASTERN RAILWAY」「CHIEF MECHANICAL ENGINEER」「1923～1941」，即：「奈節爾·葛雷茲利爵士」「倫敦和東北部鐵道」「主任機械技師」「任職期間1923年至1941年」之意。左下印兩行英文：「MALLARD A4 CLASS 4-6-2」「WORLD STEAM LOCOMOTIVE SPEED RECORD 1938」，即：「野鴨 A4級 車軸配置方式4-6-2」「世界蒸汽機關車速度記錄 1938年」之意。

・位於中非瀕海的加彭共和國（RÉPUBLIQUE GABONAISE）發行一款世界偉大的
鐵路專題小全張，內含一枚郵票面值1500F法郎，圖案主題是「銀環」號蒸汽機
關車牽引客運列車，右上印：「London and North Eastern Railway（L.N.E.R.）
（U.K.）」「Gresley Pacific Type A4 4-6-2 'Silver Link' 1935」，即：「倫敦和東
北部鐵道（簡稱L.N.E.R.）（聯合王國：英國的正式國名）」「葛雷茲利 太平洋
型A4級 車軸配置方式4個導輪6個動輪2個從輪 銀環 1935年」之意。

·「野鴨」「4468」號蒸汽機關車保存於倫敦的英國運輸博物館（Museum of British Transport）時所拍攝的運轉狀態。

· 「野鴨」「4468」號蒸汽機關車保存於約克的國家鐵道博物館。（照片是林恆立老師於2012年2月12日拍攝。）

· 「奈節爾·葛雷茲利爵士」「4498」號蒸汽機關車在1967年被「A4級機關車協會」保存時所拍攝的運轉狀態。

19. 1936年V2級的第一輛蒸汽機關車：「綠箭」（Green Arrow）號

「倫敦和東北部鐵道」（THE LONDON AND NORTH EASTERN RAILWAY，簡稱LNER）的V2級蒸汽機關車作為牽引客運和貨運快速列車之用，由主任技師奈節爾·葛雷茲利爵士（SIR NIGEL GRESLEY）指導設計，在「動喀斯特」（DONCASTER）廠和「大令屯」（DARLINGTON）廠製造，自1936年至1944年分14批共造了184輛。V2級車身全長20.247公尺，總重量147.43噸，車軸配置採2-6-2型（2個導輪、6個動輪、2個從輪），導輪直徑0.965公尺、動輪直徑1.880公尺、從輪直徑1.118公尺，裝置3個汽缸，在1962～1966年間陸續退出正式營運。

當初在製造時V2級的184輛編號是「從3641到3695」和「從4771到4899」，在1946年「倫敦和東北部鐵道」的重新編號企劃改為「800～983」號。在1948年的鐵道國有化以後，英國鐵道（BRITISH RAILWAYS）在編號之前加了「60000」，因此變成「60800～60983」，英國鐵道也將V2級歸於動力分類（POWER CLASSIFICATION）的6MT類。

註：MT即混合運輸 Mixed Traffic（Freight 貨運& Passenger客運）之意。

本級中最有名的一輛被命名為「綠箭」號，它是V2級的第一輛也是該級唯一被保存的一輛。出廠時編號「4771」，在1946年11月被「倫敦和東北部鐵道」重新編號為「800」，在1949年2月被英國鐵道改編為「60800」。1962年8月退出營運，很幸運地被「動喀斯特」廠保存。1971年11月「綠箭」號被選為國家收藏品（NATIONAL COLLECTION），陳列於國家鐵道博物館（NATIONAL RAILWAY MUSEUM）做常態展示。1972年1月以後曾到各保存鐵道做懷念旅行運轉。2008年4月1日，鍋爐的兩條管線因過熱而爆裂，經過短暫修復後，做最終一次的運轉後宣佈退休，又回到國家鐵道博物館做靜態展示。

・位於南太平洋的吐瓦魯（TUVALU）在1985年9月18日發行一組世界領先者（LEADERS OF THE WORLD）機關車專題郵票，其中面值10分的圖案主題是1936年製造的「綠箭」號（GREEN ARROW）號蒸汽機關車，分成上下各一枚相連，上一枚是「綠箭」號的左側及正面圖，下一枚是「綠箭」號停在車庫前。

20. 1937年「加冕公主級」（Princess Coronation Class）蒸汽機關車

英國的「倫敦、中央地方和蘇格蘭鐵道」曾將「加冕蘇格蘭人」快速列車和牽引的蒸汽機關車「加冕公主級的編號6229哈密屯女公爵（DUCHESS OF HAMILTON）」（被改為編號6220加冕號）運到1939年紐約世界博覽會的展覽場供大眾參觀。

註：1939年紐約世界博覽會（New York World's Fair），展覽期間分為兩期，第一期自1939年4月30日至10月31日，第二期自1940年5月11日至10月27日。展覽場地點位於紐約市皇后區（New York City borough of Queens）的「法拉盛草原可羅那公園」（Flushing Meadows-Corona Park）或是稱為「法拉盛草原公園」（Flushing Meadow Park or Flushing Meadows Park），面積5平方公里。

「加冕蘇格蘭人」（CORONATION SCOT）快速列車在1937年5月12日為慶祝英國國王喬治六世（KING GEORGE VI，現今伊莉莎白二世女王的父王）加冕而開始營運，直到1939年9月第二次世界大戰爆發（德軍入侵波蘭）為止，在倫敦的尤斯屯車站（EUSTON STATION）和格拉斯哥（GLASGOW）的中央車站（CENTRAL STATION）間478公里行程做中途不停（NON-STOP）的快速運轉。列車由機關車牽引九節車廂，依序為：

1.附煞車控制的一等通道客車（BRAKE CORRIDOR FIRST）。

2.一等通道客車（CORRIDOR FIRST）。

3.一等開放式餐車（RESTAURANT OPEN FIRST）。

4.附調理室餐車（KITCHEN CAR）。

5.三等開放式客車（OPEN THIRD）。

6.三等開放式客車（OPEN THIRD）。

7.附調理室餐車（KITCHEN CAR）。

8.三等開放式客車（OPEN THIRD）。

9.附煞車控制的三等通道客車（BRAKE CORRIDOR THIRD）。

「加冕公主級的編號6229哈密屯女公爵號」蒸汽機關車屬於「加冕公主級」第二批製造五輛的最後一輛，由「倫敦、中央地方和蘇格蘭鐵道」的主任機械技師——「威廉·史坦尼爾」爵士設計，其實「公主加冕級」就是「皇家公主級」的加大型。第一批製造五輛（編號6220至6224）漆藍色，第二批製造五輛（編號6225至6229）漆紅棕色，前兩批十輛的車身套上流線型外殼，並且在外殼塗上表示牽引快車的銀白色橫條，以後生產的則未加以流線型化，在1937年至1948年之間在克魯工廠（CREWE WORKS）製造，總共生產了38輛，在1962年至1964年之間陸續退出營運。車身長22.5公尺，車身重167.09噸，車軸採4-6-2（4個前導輪、6個驅動輪、2個從輪）配置方式，前導輪直徑0.914公尺、動輪直徑2.057公尺、從輪直徑1.143公尺。裝置4個汽缸，出力可達3300匹馬力，是英國鐵道史上所製造過的客運蒸汽機關車，其中牽引力最強的一級。

「加冕公主級的編號6220加冕號」曾在1937年6月29日創下時速114英里（約183.46公里）紀錄，1939年「編號6229哈密屯女公爵號」暫時代替「編號6220加冕號」（兩者互換身分）運到美國在紐約世界博覽會展出。結果變成漆藍色的「編號6229哈密屯女公爵號」在英國運轉，而紅棕色的「編號6220加冕號」在美國展覽。參展的機關車在1942年被運回英國，1943年恢復原來身分。正牌的「編號6229哈密屯女公爵號」現今以英國鐵道的編號「46229」被國家鐵道博物館（NATIONAL RAILWAY MUSEUM）作為歷史性機關車保存。本級機關車還有編號「6233」的「蘇澤蘭女公爵號」（DUCHESS OF SUTHERLAND）和編號「6235」的「伯明罕市號」（CITY OF BIRMINGHAM）被保存。

・位於西非的幾內亞共和國（République du Guinée）幾內亞郵局（Office de la Poste Guinéenne）在2001年6月8日發行一款「值得紀念的世界鐵路機關車」（LES CHEMINS-DE-FER DU MONDE LOCOMOTIVES CÉLÈBRES）小全張，面值4000法郎，圖案主題是英國（法文國名ANGLETERRE）的「哈密屯女公爵」（Duchesse d' Hamilton）號蒸汽機關車牽引客運快速列車。

・位於加勒比海的聖文森附屬島（GRENADINES OF ST. VINCENT）在1985年9月16日發行一套世界領先者（LEADERS OF THE WORLD）機關車專題郵票，其中面值35分的圖案主題是英國在1937年製造的「加冕號」（CORONATION）蒸汽機關車，分成上下各一枚相連，上一枚是「加冕號」的左側及正面圖，下一枚是「加冕號」在站場內牽引快速列車。

· 位於加勒比海的聖文森附屬島的貝基亞（BEQUIA GRENADINES OF ST.
VINCENT）在1986年9月30日發行一組著名機關車設計師專題郵票，其中
面值3元的圖案右邊是「威廉‧史坦尼爾爵士」主任機械技師的肖像、左邊
是行進中的「加冕號」（編號6220）蒸汽機關車。右下印四行英文：「SIR
WILLIAM STANIER」（1943年被冊封為爵士）「LONDON MIDLAND &
SCOTTISH RAILWAY」「CHIEF MECHANICAL ENGINEER」「1932～
1944」，即：「威廉‧史坦尼爾爵士」「倫敦、中央地方和蘇格蘭鐵
道」「主任機械技師」「任職期間1932年至1944年」之意。中間印4行英
文：「CORONATION 4-6-2」「FIRST OF」「CORONATION CLASS」
「1937」，即：「加冕號 車軸配置方式4-6-2」「第一輛」「加冕級」
「1937年製造」之意。

· 位於加勒比海的聖路西亞（ST.
LUCIA）在1983年10月13日發行一
組世界領先者（LEADERS OF THE
WORLD）機關車專題郵票，其中
面值35分的圖案主題是1940年製造
的編號46242加冕公主級「格拉斯
哥市」號（CITY OF GLASGOW
PRINCESS CORONATION
CLASS）蒸汽機關車，分成上下各
一枚相連，上一枚是「格拉斯哥市」
號的左側及正面圖，下一枚是「格拉
斯哥市」號牽引客運快車在車站內的
軌道上前進。

R 3195 | BR 4-6-2 'City of Liverpool' Princess Coronation Class - BR Green (1)(2)(3)(4)
Suitable rolling stock: BR rolling stock of the period.

R 3119 | LMS 4-6-2 'Duchess of Abercorn' Princess Coronation Class - LMS Red
Suitable rolling stock: R4230B, R4231B, R4232B, R4233B, R4095G

‧英國著名的「宏比」（HORNBY專門生產英國的1：87比例之HO規格鐵道車輛模型）品牌所推出的「加冕公主級」（Princess Coronation Class）蒸汽機關車模型。上圖是「利物浦市號」（CITY OF LIVERPOOL）在英國國有鐵道時期的編號「46247」和塗裝。下圖是「阿伯孔女公爵號」（DUCHESS OF ABERCORN）在倫敦、中央地方和蘇格蘭鐵道時期的編號「6234」和塗裝。

21. 1941年南部鐵道的「商船隊級」（Merchant Navy Class）蒸汽機關車

「MERCHANT NAVY」是大英國協內的國家對於經過註冊登記的商用船舶及船員的總稱，在戰時該等船舶及船員需接受動員徵召，在平時該等船舶成為海軍的備役運輸艦、船員接受短期軍事訓練成為海軍的備役官士兵，所以「MERCHANT NAVY」亦直譯為商船海軍或備役商船隊。而本級機關車使用「MERCHANT NAVY」的原因，就是最初製成的6輛蒸汽機關車在出廠時正值第二次世界大戰的1941年，註冊登記過的商用船舶已經被英國海軍徵召成為大西洋運輸船團（ATLANTIC CONVOYS）的船舶，前往美國和加拿大東岸海港裝載英國所需要的物資後，橫越北大西洋運到英國西部的海港。

· 位於南大西洋、接近赤道的升天島（ASCENSION ISLAND）
在1997年4月1日發行一組英國旗幟郵票，其中面值12P 便士
的圖案主題是商船海軍旗（軍旗中的左上方即英國國旗），圖
案下方是將燃料用油運到升天島的「快桅‧升天」（MAERSK
ASCENSION）號油輪。

本級機關車大部分就以該等船舶所屬的船公司來命名，如「35004」號取名「庫納德白星」（CUNARD WHITE STAR）、「35005」號取名「加拿大太平洋」（CANADIAN PACIFIC）、「35008」號取名「東方航運」（ORIENT LINE）、「35018」號取名「英國印度航運」（BRITISH INDIA LINE）、「35028」號取名「客攬航運」（CLAN LINE）等。

「商船隊級」蒸汽機關車是布雷得（OLIVER VAUGHAN SNELL BULLEID，生於1882年，1970年去世）主任機械技師（任期1937年至1948年）為英國的南部鐵道（SOUTHERN RAILWAY）所設計的流線型蒸汽機關車，可以牽引客運或貨運列車，由南方鐵道的東雷依工廠（EASTLEIGH WORKS）製造，生產期間：1941年至1949年，總共造了30輛，就各生產級數而論是第二次世界大戰期間第一款製造的蒸汽機關車。

車身長21.218公尺，車身重150.1噸，車軸採4-6-2（4個前導輪、6個驅動輪、2個從輪）配置方式，前導輪直徑0.940公尺、動輪直徑1.880公尺、從輪直徑1.092公尺，裝置3個汽缸。

在第二次世界大戰爆發前幾年，南部鐵道有意更新一些老舊的蒸汽機關車，鐵道的總經理授權布雷得技師準備設計20輛新形機關車，作為牽引快車之用。布雷得原先建議設計4軸8個驅動輪的機關車來牽引「金箭」號（GOLDEN ARROW）和「夜間渡輪」號（NIGHT FERRY）國際快車（列車上渡輪越過英國和法國間的海峽），但是遭到鐵道公司主任土木技師的反對，最後經協調改為4-6-2車軸配置方式。在戰時政府對機關車有牽引貨物列車能力的需求，所以變更為有牽引客貨運列車的混合能力。

本級的編號原本依照「國際鐵路聯盟的分類法」（UIC CLASSIFICATION），將第一輛編號為「21C1」，接著19輛定為21C2～21C19，號碼中的「21C」

分別表示「2軸前導輪」、「1軸從輪」、「3軸驅動輪」，英國國有鐵道在1949年將當時現有的20輛編號先改為「35001～35019」、再將最後製造的10輛編為35020～35029。

由於本級蒸汽機關車的高燃料消耗以及維修上出現不少缺點，另外就是車身兩側原本包覆著流線型鐵板限縮了操控室內司機的前瞻視野，於是英國國鐵將本級的30輛在1956～1960年之間進行改造並換裝鍋爐（提升燃煤效率）、去除流線型鐵板以增加司機的前瞻視野（提升行車安全）。

編號35002的「城堡聯合」（UNION CASTLE）號和編號35015的「鹿特丹・羅依得」（ROTTERDAM LLOYD）號在1964年2月最初退出營運，到了1965年底大半數已退出營運，最後的7輛到1967年夏季才結束營運。本級的機關車算是十分幸運，有12輛至今仍被保存，留存率高達百分之四十（12 / 30）。

以下是被保存的車號和車名：

「35005」號（原編號21C5）取名「加拿大太平洋」（CANADIAN PACIFIC）。

「35006」號（原編號21C6）取名「半島和東方蒸汽航行公司」（PENINSULAR & ORIENTAL S. N. CO.）。

「35009」號（原編號21C9）取名「蕭・沙維爾」（SHAW SAVILL）。

「35010」號（原編號21C10）取名「藍星」（BLUE STAR）。

「35011」號（原編號21C11）取名「通用蒸汽航行」（GENERAL STEAM NAVIGATION）。

「35018」號（原編號21C18）取名「英國印度航運」（BRITISH INDIA LINE）。

「35023」號取名「荷蘭‧非洲航運」（HOLLAND-AFRICA LINE）。

「35025」號取名「布洛克岸航運」（BROCKLEBANK LINE）。

「35027」號取名「港口航運」（PORT LINE）。

「35028」號取名「客攬航運」（CLAN LINE）。

「35029」號取名「埃勒曼航運」（ELLERMAN LINES）被國家鐵道博物館保存。

‧位於南太平洋的吐瓦魯（TUVALU）的努庫非洽（NUKUFETAU）在1987年9月10日發行一組世界領先者（LEADERS OF THE WORLD）機關車專題郵票，其中面值15分的圖案主題是南部鐵道（Southern Railway，簡稱SR）在1941年製造的「商船隊級」（MERCHANT NAVY CLASS）蒸汽機關車，分成上下各一枚相連，上一枚是「商船隊級」蒸汽機關車的左側及正面圖，下一枚是「商船隊級」蒸汽機關車牽引客運快車穿過磚造拱形陸橋。

R 3130XS　BR 4-6-2 'Holland-Afrika Line' Merchant Navy Class

· 編號「35023」車名「荷蘭—非洲航運」（Holland-Africa Line）號蒸汽機關車模型，車身左右側的中間附「荷蘭・非洲航運」號車名的圓形銘板和「商船隊級」的長方形銘板。

· 位於西非的貝南共和國（REPUBLIQUE DU BENIN）在1997年3月26日發行一組世界機關車專題郵票，其中面值270法郎的圖案主題是南部鐵道在1941年製造的「商船隊級」編號「21-C-6」取名「半島和東方蒸汽航行公司」蒸汽機關車。

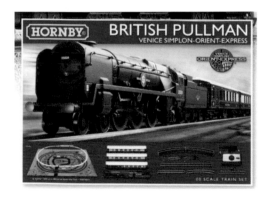

· 英國著名的「宏比」（HORNBY專門生產英國的1：87之HO規格鐵道車輛模型）品牌所推出的套裝組。編號「35028」車名「客攬航運」（CLAN LINE）號蒸汽機關車牽引「英國普爾曼・威尼斯・辛普隆—東方快車」（BRITISH PULLMAN VENICE SIMPLON-ORIENT-EXPRESS）。

British Pullman Venice

· 編號「35028」車名「客攬航運」（CLAN LINE）號蒸汽機關車模型，車身左右側的中間附
「客攬航運」號車名的圓形銘板和「商船隊級」的長方形銘板。

22. 1945年南部鐵道的「西部地域和不列顛之役級」（West Country and Battle of Britain classes）蒸汽機關車

「不列顛之役級」蒸汽機關車是布雷得（OLIVER VAUGHAN SNELL BULLEID，1882～1970）主任機械技師（任期1937年至1948年）為英國的南方鐵道（SOUTHERN RAILWAY）所設計的流線型蒸汽機關車，可以牽引客運或貨運列車，生產期間：1945年至1951年，總共造了110輛，最初的70輛在1945年至1947年之間製造，編號21C101～21C170（到了英國國鐵時期編號改為34001～34070）以南方鐵道經營地區──「西部地域」（WEST COUNTRY位於英國的西南端地區）的各市鎮和「不列顛之役」有關的空軍中隊番號、指揮官、戰機為車名，第一輛編號「21C101」、車名「埃克賽特」（EXETER）在1945年5月交貨。接著在1948年至1951年之間製造40輛，編號34071～34110，最後一輛編號34110、車名「66中隊」（66 SQUADRON）在1951年1月製成。本級車身長67英尺4.75英寸（20.54公尺），車身重噸130.7噸，車軸採4-6-2（4個導輪、6個動輪、2個從輪）配置方式，導輪、動輪、從輪的直徑分別是3英尺1英寸（0.94公尺）、6英尺2英寸（1.89公尺）、3英尺1英寸（0.94公尺），裝置3個汽缸。正式營運至1967年7月，其中有20輛免於拆解命運而被保存，成為英國鐵道的重要文化遺產。

由於本級蒸汽機關車的高燃料消耗（每英里消耗21.73公斤的煤、亦即每公里消耗13.5公斤的煤）以及維修上出現不少缺點，另外就是車身兩側原本包覆著（CASING）流線型鐵板限縮了操控室內司機的前瞻視野，因為有同樣問題困擾的「商船隊級」蒸汽機關車經改造成功後，英國國鐵決定選了60輛在1955～1961年之間進行改造並換裝鍋爐、去除流線型鐵板，改造後煤的消耗量可以減少8.4%以及增加司機的前瞻視野（提升行車安全）。

· 位於加勒比海的聖文森附屬島的貝基亞島（BEQUIA GRENADINES OF ST. VINCENT）在 1986年9月30日發行一組著名機關車設計師專題郵票，其中面值4元的圖案左邊是布雷得主任機械技師的肖像、右邊是牽引客運列車正在南部海岸線上前進的「不列顛之役級」「溫思屯·邱吉爾」號蒸汽機關車，車頭前擋板漆著南方鐵道時期的編號「21C151」。右下印4行英文：「OLIVER V. S. BULLEID」「SOUTHERN RAILWAY」「CHIEF MECHANICAL ENGINEER」「1937～1948」，即：「奧利佛·布雷得」「南部鐵道」「主任機械技師」「任職期間1937年至1948年」之意。中間印4行英文：「WINSTON CHURCHILL 4-6-2」「MEMBER OF」「BATTLE OF BRITAIN CLASS」「1946」，即：「溫思屯·邱吉爾 車軸配置方式4-6-2」「其中一員」「不列顛之役級」「1946年製造」之意。

· 英國著名的「宏比」（HORNBY專門生產英國的1：87比例之HO規格鐵道車輛模型）品牌所推出的「西部地域級」（West Country Class）蒸汽機關車模型。本圖是本級的第一輛「埃克賽特號」（Exeter）在英國國有鐵道時期的編號「34001」和未改造的塗裝。下圖是「歐科罕普屯號」（Okehampton位於英國西南端的小鎮）在英國國有鐵道時期的編號「34013」和改造後的塗裝。

· 位於加勒比海的聖路西亞（ST. LUCIA）在1983年10月13日發行一組世界領先者（LEADERS OF THE WORLD）機關車專題郵票，其中面值1元的圖案主題是1945年11月製造完成、1958年4月改造的編號34016「西部地域」級「博得敏」號（BODMIN）蒸汽機關車，分成上下各一枚相連，上一枚是「博得敏」號的左側及正面圖，下一枚是「博得敏」號牽引「大西洋岸快車」（ATLANTIC COAST EXPRESS）停在車站月台旁的軌道上。「博得敏」號改造後成為營運狀況最好的其中一輛，所以1964年6月退出正式營運後，被「中·漢茲鐵道」（Mid Hants Railway）保存。

註：「大西洋岸快車」在1926年至1964年之間營運，起點是倫敦的滑鐵盧車站（Waterloo station, London），終點是西南端地區的海邊休閒地（seaside resorts in the south-west），1960年代由於一般民眾擁有自用車的比率愈來愈高，「大西洋岸快車」的搭乘率則愈來愈低，在1964年9月5日開出最末一班列車後結束營運。

· 位於加勒比海的內維斯（NEVIS）在1983年11月10日發行一組世界領先者（LEADERS OF THE WORLD）機關車專題郵票，其中面值1元的圖案主題是1946年12月出廠的「不列顛之役級」蒸汽機關車「溫思屯·邱吉爾」（WINSTON CHURCHILL，第二次世界大戰時期的英國首相）號，分成上下各一枚相連，上一枚是「溫思屯·邱吉爾」號的左側及正面圖，下一枚是牽引客運列車正在前進的「溫思屯·邱吉爾」號。「溫思屯·邱吉爾」號在南部鐵道時期的編號是「21C151」、在英國國鐵時期的編號是「34051」，1965年9月退役，現今保存於英國國家鐵道博物館。

22P

GOLDEN ARROW

· 英國在1985年1月22日發行一組蒸汽機關車全盛時期的著名特快列車專題郵票,其中面值22便士的圖案主題是「金箭」(GOLDEN ARROW)號豪華特快列車,由「不列顛之役級」的「飛行中隊」(Battle of Britain Class Squadron)號蒸汽機關車牽引,正經過車站的信號機,機關車車身兩旁的流線型鐵板釘上一支金箭。

位於美國東南方的巴哈馬群島（BAHAMAS）在2000年為紀念
當年在倫敦舉辦的世界郵展（THE STAMP SHOW 2000）發行
一組郵票，因為2000年正逢「不列顛之役」六十周年紀念，所
以選用「不列顛之役」中英國空軍的英勇表現為圖案主題。

· 面值15分：噴火式戰鬥機回到基地「迅速起降」、
「再裝填子彈」和「再加油」（Quick turnaround，
rearm & refuel）
· 面值65分：第25中隊（代號DT）隊長史坦福在他
的颶風式戰鬥攻擊機1型的操控艙內（Sqdn. Ldr.
R. Stanford-Tuck in his Hurricane 1）
· 面值70分：空中大激戰（Melée），噴火式戰鬥機
擊落德國的轟炸機。
· 面值80分：衝啊！（Tally Ho！），第56中隊（代
號US）颶風式戰鬥攻擊機三架編隊發現德國轟炸
機群開始向下俯衝攻擊。

· 位於加勒比海的聖文森和附屬島（ST. VINCENT & THE
GRENADINES）在2000年發行一款「不列顛之役」六十周年
紀念小全張，內含一枚面值5元的郵票，圖案主題是噴火式戰
鬥機；小全張圖案上方是噴火式戰鬥機正在發射槍彈，左下方
印著英國首相邱吉爾在1940年6月10日講的一句名言：「法蘭
西之役結束了……不列顛之役大概要開始了」（The Battle of
France is over……the Battle of Britain is about to begin.）。
1940年6月10日法國政府宣布巴黎成為不設防的開放都市。

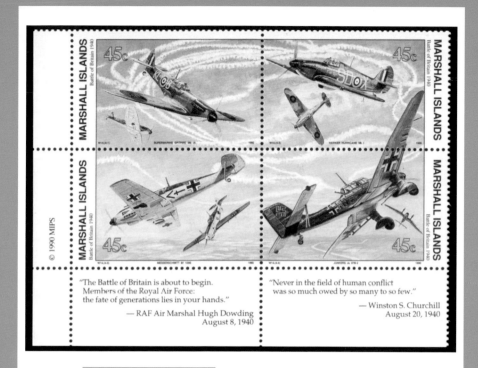

・位於南太平洋的馬秀爾群島（MARSHALL ISLANDS）在1990
年發行一組「不列顛之役」五十周年紀念郵票，由四款郵票圍
成方連，每款郵票面值45分，圖案主題是英國和德國的作戰飛
機，左上是英國的噴火式1A型戰鬥機，右上是英國的颶風式
1型戰鬥機，左下是德國的梅賽許密特MESSERSCHMITT Bf
109E型戰鬥機，右下是德國的允克斯JUNKERS Ju 87B-2型俯
衝轟炸機。郵票下面的邊紙左下方印著英國皇家空軍元帥道定
（RAF Air Marshal Hugh Dowding）在1940年8月8日講的一句
名言：「不列顛之役大概要開始了。皇家空軍的成員們：世代
的命運就交付在你們的手中。」（The Battle of Britain is about
to begin. Members of Royal Air Force: the fate of generations
lies in your hands.）右下方印著1940年8月20日英國首相邱吉爾
在下院讚揚英國空軍飛行員的英勇表現：「在人類爭戰的領域
裏，從未有過這麼少的人對這麼多的人作出這麼大的貢獻。」
（Never in the field of human conflict was so much owed by so
many to so few.）句中的「so few這麼少的人」就是指當時還不
到一千名的英國空軍飛行員，這一句成為歷史的名言。

英國的人島（ISLE OF MAM，位於蘇格蘭和北愛爾蘭之間的海
上）在1990年發行一組邱吉爾去世25周年紀念郵票，圖案主題分
別是邱吉爾穿著不同服裝的肖像。

· 位於南大西洋的英國屬地「庫娘的崔斯坦」（Tristan da Cunha原意係發現該島的葡萄牙航海家姓
名）在2000年發行一組邱吉爾擔任國會議員（Parliamentarian）百周年紀念郵票，其中面值50便
士的圖案左半部是1945年5月8日邱吉爾擔任首相時（第一次任期1940年至1945年）在電台廣播對
英國民眾發表歐洲戰勝日（1945年5月7日德國宣佈無條件投降，5月8日V.E. Day即第二次世界大
戰在歐洲戰場的勝利紀念日）演說，右半部是邱吉爾在1955年4月5日辭去首相（第二次任期1951
年至1955年）職務、宣告退休，當他走出首相府官邸時，打出有名的「V」（V即Victory勝利之
意）手勢向群眾致意。

| · 面值19便士：穿大禮服打蝴蝶節領帶，接受人島首府－道格拉斯頒贈「道格拉斯榮譽公民」（Freeman of Douglas）紀念牌。 | · 面值32便士：穿大禮服戴紳士帽，背景是「不列顛之役」期間，倫敦市區被德國轟炸機炸成一片火海。 | · 面值34便士：穿夾克出巡，背景是「不列顛之役」期間，英國防空部隊以探照燈搜索來襲的德國轟炸機。 | · 面值37便士：穿統帥軍服戴皇家空軍元帥帽，背景是「不列顛之役」期間，英國的戰鬥機小隊升空攔截，高空中出現雙方軍機纏鬥所產生的白色機雲。 |

23. 1947年倫敦和東北部鐵道的胡椒子A2級蒸汽機關車

胡椒子A2級蒸汽機關車（PEPPERCORN CLASS A2）由倫敦和東北鐵道的主任設計師亞瑟·亨利·裴波孔（ARTHUR HENRY PEPPERCORN，生於1889年，1951年去世），所以用他的姓氏「PEPPERCORN」命名，而「PEPPERCORN」在英文係「胡椒子」之意。A2級在「動喀斯特」（DONCASTER）工廠共製造了15輛，主要是用在幹線牽引客運快車。

車身長21.666公尺，車身重164噸，車軸採4-6-2（4個前導輪、6個驅動輪、6個從輪）配置方式，前導輪動直徑0.965公尺、輪直徑1.880公尺、從輪動直徑1.118公尺。裝置3個汽缸。

第一輛在1947年製造，編號525、取名為「ARTHUR HENRY PEPPERCORN」，1948年英國主要的四大鐵道公司被合併成國營的「英國鐵道」（BRITISH RAILWAYS），編號改為60525。原編號526-531的6輛在1948年出廠時被「英國鐵道」改為60526～60531，在1948年製造的8輛，被「英國鐵道」編為60532～39。除了第一輛，其餘的14輛以著名的賽馬名稱來命名，在1962年至1966年間陸續退出營運。其中最有名的一輛編號60532取名為「藍彼得」（BLUE PETER），在1948年3月25日出廠，最初在東海岸主線（EAST COAST MAIN LINE）運轉，1966年10月做最後一次鐵道告別之旅運轉，在1966年12月31日正式退出營運，如今保存於得比郡的巴羅丘機關車庫（BARROW HILL ENGINE SHED IN DERBYSHIRE）。

註：「藍彼得三世」（Blue Peter III）是一匹由哈立·普林羅茲（Harry Primrose, 6th Earl of Rosebery第六代羅茲貝里伯爵）所擁有的比賽名駒，該匹馬曾贏得1939年的得比賽馬（Epsom Derby）和2000基尼賽馬（2,000 Guineas），為主人賺了32,000英鎊的高額獎金，以當時的物價評量，足夠買三輛「動喀斯特」工廠製造的太平洋式（即車軸採4-6-2配置）蒸汽機關車。

· 位於加勒比海的聖文森附屬島（GRENADINES OF ST. VINCENT）在1984年3月15日發行一套世界領先者（LEADERS OF THE WORLD）機關車專題郵票，其中面值2.50元的圖案主題是英國在1948年製造的A2級「藍彼得號」蒸汽機關車，分成上下各一枚相連，上一枚是A2級「藍彼得號」的左側及正面圖，下一枚是A2級「藍彼得號」牽引客運快速列車正要離開月台。

24. 1948年國營化後第一批自行設計研發的「布里塔尼亞級」蒸汽機關車

「標準7級」（STANDARD CLASS 7）亦即通稱的「布里塔尼亞級」是英國鐵道在1948年國營化後第一批自行設計研發的蒸汽機關車，車身長20.955公尺，車身重143.5噸，車軸配置採4-6-2型（4個導輪、6個動輪、2個從輪），前導輪直徑0.914公尺、驅動輪直徑1.879公尺、從輪直徑1.003公尺，共造了55輛，編號7000～7054。1951年1月2日「布里塔尼亞」號於「克魯」（CREWE）製造廠完工，1951年1月30日在「馬利累綳（MARYLEBONE）」車站由當時的英國運輸大臣「阿弗雷得·巴恩斯（ALFRED BARNES）」主持命名典禮。

「標準7級」在1965年6月～1968年6月之間陸續退出正式營運，只有編號7000的「布里塔尼亞」號（BRITANNIA）和編號7013的「奧利佛·克隆威爾」號（OLIVER CROMWELL）被保存，其餘都遭拆解。

· 位於加勒比海的內維斯（NEVIS）在1983年11月10日
發行一組世界領先者（LEADERS OF THE WORLD）
機關車專題郵票，其中面值1元的圖案主題是1951年
生產的「布里塔尼亞級」（BRITANNIA CLASS）第
一輛（序列編號70000）蒸汽機關車「布里塔尼亞」
（BRITANNIA）號，分成上下各一枚相連，上一枚是
「布里塔尼亞」號的左側及正面圖，下一枚是「布里
塔尼亞」號蒸汽機關車牽引客運列車正離開車站。

「布里塔尼亞」號牽引殯儀列車

當今英國女王的父王喬治六世（KING GEORGE VI，1936
年12月11日即位）在1952年2月6日因心臟病去世於諾福克
的山得陵罕宮（SANDRINGHAM HOUSE, NORFOLK），
「布里塔尼亞」號牽引殯儀列車，將喬治六世的遺體從諾福
克運回倫敦，因此「布里塔尼亞」號操控室的頂蓋被漆成白
色，作為紀念標誌而維持了幾年。

「布里塔尼亞」號經過15年的運轉，在1966年退出營
運，最初保存於約克（YORK）的「國家鐵道博物館」
（NATIONAL RAILWAY MUSEUM），之後經過幾次轉
售，自2005年起保存於克魯的「鐵道時期博物館」（THE
RAILWAY AGE MUSEUM）。

25. 1954年「格羅斯特公爵」號（Duke of Gloucester）蒸汽機關車

英國國有鐵道為了取代在1952年10月8日「哈羅和曠野石車站」撞車事件中被撞毀的「安妮公主」號機關車（編號「46202」）而由技師羅伯・里德爾斯根據「標準7級」（STANDARD CLASS 7）設計「標準8級」（STANDARD CLASS 8），1954年4月在「克魯」（CREWE）製造廠完工，命名為「格羅斯特公爵」號，編號71000。車身長20.62公尺，車身重157.44噸，車軸配置採4-6-2型（4個導輪、6個動輪、2個從輪），前導輪直徑0.914公尺、驅動輪直徑1.879公尺、從輪直徑1.003公尺，裝置3個汽缸。運轉不久後，由於機關車的操控人員發現產生蒸汽的功效不理想以及高耗煤量，所以決定不再量產，「格羅斯特公爵」號成為「標準8級」僅有的一輛，在1962年12月正式退出營運。

退休後，最初被選為國家收藏品（NATIONAL COLLECTION），稍後決定只留汽缸，其餘部分準備要拆解，「格羅斯特公爵」號被戴・武德罕（DAI WOODHAM）收購，他是位於南威爾斯霸里島（BARRY ISLAND, SOUTH WALES）的武德罕兄弟拆解場（WOODHAM BROTHERS SCRAPYARD）場主，「格羅斯特公爵」號就在拆解場閒置了幾年。1974年，一群熱愛蒸汽機關車的鐵道迷認為「格羅斯特公爵」號造型典雅，於是集資成立了「格羅斯特公爵號蒸汽機關車信託」組織（DUKE OF GLOUCESTER STEAM LOCOMOTIVE TRUST），將「格羅斯特公爵」號買下，接著進行修復工作，為了改善以往存在的缺點，於是換裝一部分新的組件，經過13年的努力，終於改造成為一輛可以牽引客運列車的強力機關車，到各地的保存鐵道做懷念旅行營運，受到許多鐵道迷的熱烈歡迎。

· 位於蘇格蘭西海岸的雙點島（DAVAAR ISLAND）發行一組世界領先者（LEADERS OF THE WORLD）機關車專題郵票，其中面值1英鎊的圖案主題是1954年生產的8P（P指Passenger 旅客之意）級的「格羅斯特公爵號」（DUKE OF GLOUCESTER）蒸汽機關車，分成上下各一枚相連，上一枚是「格羅斯特公爵」號的左側及正面圖，下一枚是「格羅斯特公爵號」蒸汽機關車牽引客運列車前進。

· 英國著名的「宏比」（HORNBY專門生產英國的1：87比例之HO規格鐵道車輛模型）品牌在 2013年推出特別版（Special Edition即精細製造）的「格羅斯特公爵」號蒸汽機關車模型。

26. 1959年英國最後製造的一批蒸汽機關車9F級

標準9F級是英國國有鐵道（BRITISH RAILWAYS）時代最後設計製造的最大型蒸汽機關車，由技師「羅伯・里德爾斯」（ROBERT RIDDLES生於1892年5月23日～1983年6月18日去世）設計。其目的是能做長程牽引載重貨物列車，也是當時輸出最大動力的一款機關車，可以時速56公里牽引914噸列車，若是牽引旅客列車最快時速可達145公里。

製造期間1954年1月至1960年4月，總共生產251輛，編號92000～92250，其中由英國鐵道的史文敦工廠（BR SWINDON WORKS）生產53輛、英國鐵道的克魯工廠（BR CREWE WORKS）生產198輛。9F級車身全長20.167公尺，總重量141.5噸，車軸配置採2-10-0（有一軸前導輪和5軸驅動輪、無傳輪），前導輪直徑0.914公尺、驅動輪直徑1.524公尺，車身全長20.17公尺，連同炭水車重141.5噸，最高時速可達145公里。本級機關車自1964年5月開始陸續退出正式營運，直到1968年6月全部退出，最後一輛編號92220取名「暮星」（EVENING STAR）號。至今共有9輛標準級9F被保存。

「暮星」號在1960年2月由史文敦工廠製造，1965年3月退出正式營運。由於「暮星」號是史文敦工廠為英國鐵道製造的最後一輛蒸汽機關車，所以在1960年3月18日於廠區內舉行命名典禮（NAMING CEREMONY），由英國交通委員會的西區委員主席杭克斯先生致詞（R. F. HANKS, CHAIRMAN OF THE WESTERN AREA BOARD OF BRITISH TRANSPORT COMMISSION）。「暮星」號最初保存於「約克」（YORK）的「國家鐵道博物館」（NATIONAL RAILWAY MUSEUM）做靜態展示，2008年9月3日被送回出生地-史文敦工廠，然後在「斯文敦蒸汽鐵道博物館」（SWINDON 'STEAM' RAILWAY MUSEUM 位於廠區內）展出。

· 位於加勒比海的內維斯（NEVIS）在1983年11月10日
發行一組世界領先者（LEADERS OF THE WORLD）
機關車專題郵票，其中面值1元的圖案主題是1960年
製造的9F級「暮星」（EVENING STAR）號蒸汽機關
車，分成上下各一枚相連，上一枚是「暮星」號的左
側及正面圖，下一枚是漆綠色的「暮星」號牽引旅客
列車停在月台邊的軌道上。

· 在保存鐵道運轉的編號92220「暮星」（EVENING STAR）號蒸汽機關車。

黑王子號蒸汽機關車編號92203，是史文敦工廠在1959年1月製造的第三輛標準9F級機關車，投入牽引載運鐵礦列車的營運達八年多，往來於「博根頭・必資通碼頭（在利物浦港都的對岸）至秀威克・秀通煉鋼廠（在威爾斯北部）」（BIRKENHEAD BIDSTON DOCK TO SHOTWICK SHOTTON STEELWORKS），在1967年11月牽引一列載運鐵礦列車後退出營運。藝術家大衛・薛菲德（DAVID SHEPHERD）以三千英鎊直接從英國國有鐵道買下此輛退役的機關車，將它移到「隆摩爾軍用鐵道」（LONGMOOR MILITARY RAILWAY）。他將編號92203機關車取名「黑王子」（BLACK PRINCE），在英國國有鐵道營運期間從未用過的名號，並將車身漆成黑色。1973年又移到「東所墨塞鐵道」（EAST SOMERSET RAILWAY長4公里的保存鐵道），直到1998年都以該鐵道為活動基地。在此期間「黑王子」曾到幾條保存鐵道去訪問，1982年9月在「福斯特・約曼的岩山工廠」（FOSTER YEOMAN'S TOR WORKS）牽引英國最重的貨物列車，重量達2198噸。2004在「格羅斯特郡・瓦威克郡鐵道」（GLOUCESTERSHIRE WARWICKSHIRE RAILWAY，長19公里，在英國西南部）大整修後，又加入牽引工作直到2011年，當時需要成立一筆整修基金，「黑王子」又被移到「北諾福克鐵道」（NORTH NORFOLK RAILWAY長8.45公里，保存遺產性質的旅遊觀光用鐵道）。●

（郵票實際尺寸：圖片尺寸=1：0.8）

·位於東非的布倫地共和國（REPUBLIQUE DU BURUNDI）在2012年發行一款蒸汽列車「Trains à Vapeur」小全張，內含一枚面值7,500法郎的郵票，郵票的圖案主題是「倫敦和東北部鐵道」（London and North Eastern Railway）的LNER A4級蒸汽機關車「野鴨」號，左上是「野鴨」號在1938年7月3日創下蒸汽機關車最快速的世界記錄所得到的金屬銘板，銘板上刻的英文：「ON 3RD JULY 1938」「THIS LOCOMOTIVE ATTAINED A WORLD SPEED RECORD」「FOR STEAM TRACTION OF 126 MILES PER HOUR」，即：「1938年7月3日」、「此機關車獲得世界速度紀錄」、「每小時126英里的蒸汽牽引」之意。最左邊是相同意思的一段法文，因為法國用公制，所以速度換成「202.8公里」。小全張圖案上方式黑王子號蒸汽機關車編號92203，機關車右側的除煙板上有塊金屬板刻「BLACK PRINCE」即「黑王子」之意。

CHAPTER 5
高速鐵路時代

柴油機關車依照不同的動力傳動方式，又可分為電力傳動、液壓傳動、和機械傳動三大類。

（1）電力傳動柴油機關車（Diesel-Electric），亦稱為「柴油電力式機關車」、或「柴電機關車」，基本原理是將機關車上柴油引擎帶動發電機轉化成電力，再由牽引電動機帶動車輪轉動。電力傳動柴油機關車就是自行攜帶發電機的電力機關車。

在最初幾十年製造的柴電機關車都使用調速簡單的直流電動機來帶動車輪，但近年來交流電動機的使用有增加趨勢，因為交流牽引電動機比直流電動機結構簡單，易於維護，功率更大，但是需要搭配性能較高的逆變器達到良好的調速性能。按照直流和交流的制式，電力傳動又可分為：

直流電力傳動：牽引發電機和電動機均為直流電機。

交—直流電力傳動：使用三相交流同步發電機，發出交流電經過整流器裝置變為直流電，供應直流牽引電動機。

交—直—交流電力傳動：使用三相交流同步發電機，發出交流電通過整流器變為直流電，電路中恆定直流電壓通過逆變器調節其振幅和頻率，將直流電逆變成變頻調壓交流電，供給交流牽引電動機。

（2）液壓傳動柴油機關車（DIESEL-HYDRAULIC），亦稱柴油液壓式機關車、或柴液機關車，使用液壓變矩器（TORQUE-CONVERTER），又稱液壓變扭器或扭力轉換器，用液壓把內燃機的動力傳到車輪上。其結構較電傳動力機關車簡單，重量輕，不像電力傳動機車同時需要發電機，整流櫃／逆變器和電動機等部件才能運作。即在同樣的機車重量下，液傳機關車的功率一般都比電傳機車大。然而在同等功率下，液壓傳動的機關車，耗油量要高出10～20%，經濟性較差。

（3）機械傳動柴油機關車（DIESEL-MECHANICAL），像汽車的手動變速器一樣用變速箱和離合器。但機械結構的離合器難以承受高功率，而且變速箱結構必然十分複雜和龐大，以增加排檔數提供相對平穩的變速性能，所以機械傳動柴油機關車功率通常很低，現時最高只有1500KW，傳動效率低於液壓傳動和電力傳動，所以機械傳動多用於輕型軌道機關車。

1. 「40級編號D 200」（Class 40 No.D 200）**直流電力傳動式柴油機關車**（Diesel-Electric Locomotive）

1955年11月英國運輸委員會（BRITISH TRANSPORT COMMISSION）宣佈鐵道現代化計畫，其中最重要一項就是將以柴油動力和電動機關車完全取代蒸汽機關車。

委由英格蘭電機公司（ENGLISH ELECTRIC CO.LTD.）負責設計大型柴油發電動力機關車、主要用於牽引快速客運列車，並由該公司的火神鑄造工廠（VULCAN FOUNDRY）及羅伯特‧史提芬生和侯松斯（ROBERT STEPHENSON AND HAWTHORNS）公司的春田工廠（SPRINGFIELD WORKS）製造，在1958年至1962年之間共造了200輛，原先編號D200至D399後來改為40001～40199。車軸配置採1Co-1Co（前後各有一組導輪和一軸動輪、每軸3組動輪）配置，車身全長21.18公尺、寬2.74公尺、高3.91公尺，車重135噸，最高時速可達140公里。第一批的10輛在大東區段（THE GREAT EASTERN SECTION）開始運轉，直到1986年底才陸續退出營運。

· 位於加勒比海的聖文森附屬島嶼（GRENADINES OF ST. VINCENT）在1987年5月5日發行一組世界領先者（LEADERS OF THE WORLD）機關車專題郵票，其中面值75分的圖案主題是「40級編號D 200」（Class 40 No.D 200）柴油機關車，分成上下各一枚相連，上一枚是的左側及正面圖，下一枚是「40級型號D 200」牽引客運列車正在行進。

2. 「戰艦型42級」（Warship Class 42）液壓傳動式柴油機關車（Diesel-Hydraulic Locomotive）

1958年至1961年，由英國鐵道的史文敦工廠（BRITISH RAILWAYS' SWINDON WORKS）取得德意志聯邦鐵道的V200型液壓傳動式柴油機關車的許可而加以模仿改造，共造了38輛，分成兩批，第一批序列編號D800至 D832、第二批序列編號D866至 D870。車軸配置採B-B（前後各一軸、每軸兩組動輪）配置，車身全長18.29公尺、寬2.69公尺、高3.67公尺，車重79.25噸，最高時速可達145公里。在1968年～1972年之間陸續退出營運。

· 位於加勒比海的聖文森附屬島嶼（GRENADINES OF ST. VINCENT）在1987年5月5日發行一組世界領先者（LEADERS OF THE WORLD）機關車專題郵票，其中面值1元的圖案主題是「戰艦型42級」（WARSHIP CLASS 42）柴油機關車，分成上下各一枚相連，上一枚是的側面及正面圖，下一枚是「戰艦型42級」牽引客運列車正在行進。

3. 「47級」（Class 47）電力傳動式柴油機關車（Diesel-Electric Locomotive）

英國國有鐵道的47級（BRITISH RAIL CLASS 47，原名布拉許4型BRUSH TYPE 4）機關車是英國鐵道因為主幹線需要更大牽引力（出力在2500匹馬力以上）的通用型機關車，在1960年委託布拉許牽引（BRUSH TRACTION）公司開發設計。由布拉許牽引公司的「獵鷹工廠」（FALCON WORKS）製造了310輛、英國國有鐵道的「克魯工廠」（CREWE WORKS）製造了202輛，在1962年至1968年間共生產了512輛47級，是英國國有鐵道數量最多的主幹線柴油發電動力機關車。最初的五百輛編號從D1500 到 D1999，最後12輛的編號是從D1100到D1111。車軸配置採CO-CO（前後各一軸、每軸3組動輪）配置，車身全長19.38公尺、寬2.69公尺、高3.90公尺，車重114至127噸，最高時速可達121至153公里。本級機關車用於牽引客運和貨運列車長達四十多年。截至2013年1月，還有79輛47級機關車仍在鐵路上運轉。

「47級」經改裝後所衍生的最主要四種如下：

47/0級：裝置蒸汽式的暖氣設備。

47/3級：無暖氣設備。

47/4級：裝置電力式暖氣設備。

47/8級：裝置較大容量的油箱。

1970年代初期，47級機關車被重新編號。最初編號為47001至47298，是由基本的47級裝置蒸汽加熱器（提供客運車廂內的暖氣）。在1970至1980年代之間，蒸汽加熱器開始遭到淘汰，機關車上的蒸汽加熱器被逐漸拆除。有些47/0級裝置了電力加熱器，因而成為47/4級，最初生產的154輛本級機關車，編號為47401至47547以及47549至47555，後來部分47/0級也改裝了電力加熱系統，本級的編號由47556到47665。另外最初的編號為47301至47381被稱為47/3級，保持著不裝置加熱器的狀態，主要用於牽引貨運列車。

47/8級係針對 47/4級的最後一次改裝，包括47650至47665號及最初的4輛47/4級機關車。47/8級加裝了較大容量的油箱，因而擁有更遠的行程。1989年為了方便辨別的考慮，將改裝的20輛機關車重新編為47801至47820號。同時更多的機關車改裝了大容量油箱並被重新編號，此一序列一直延續至47854。

· 位於南太平洋的吐瓦魯的努庫磊磊（NUKULAELAE-TUVALU）在1986年6月30日發行一組世界領先者（LEADERS OF THE WORLD）機關車專題郵票，其中面值10分的圖案主題是「47級」（CLASS 47）柴油機關車，分成上下各一枚相連，上一枚是的左側及正面圖，下一枚是「47級」牽引客運列車正要離開車站。

4.「西部52級」（Western Class 52）液壓傳動式柴油機關車（Diesel-Hydraulic Locomotive）

在1961年至1964年間由英國鐵道的史文敦和克魯工廠（BRITISH RAILWAYS' SWINDON AND CREWE WORKS）製造，共生產了74輛52級，編號從D1000到D1073，因為配在英國國有鐵道的西部地區（WESTERN REGION）營運，所以稱為西部52級。車軸配置採C～C（前後各一軸、每軸三組動輪）配置，車身全長20.73公尺、寬2.64公尺、高3.96公尺，車重110噸，最高時速可達140公里。在1973年至1977年之間陸續退出營運。

· 位於加勒比海的聖文森附屬島嶼（GRENADINES OF ST. VINCENT）在1986年3月14日發行一組世界領先者（LEADERS OF THE WORLD）機關車專題郵票，其中面值1元的圖案主題是1961年英國鐵道的「西部52級」（WESTERN CLASS）柴油機關車，分成上下各一枚相連，上一枚是的右側及正面圖，下一枚是「西部52級」牽引客運列車正在行進。

5.「56級」（Class 56）交直流電力傳動式柴油機關車
（Diesel-Electric Locomotive）

英國鐵道用於幹線貨運的柴油機車車，由英國鐵道機械公司設計生產，於1976年至1983年間累計生產了135台，其中首批30輛機車（編號56001～56030）的組裝由英國鐵道機械公司（BRITISH RAIL ENGINEERING LIMITED，簡稱BREL）外包給羅馬尼亞的克拉么瓦電力機車設備股份公司（ELECTROPUTERE CRAIOVA IN ROMANIA）負責，其餘105台機車分別由英國鐵道工程公司所屬的動喀斯特工廠（DONCASTER WORKS）生產85輛（編號56031～56115）和克魯工廠（CREWE WORKS）生產20輛（編號56116～56135）。車軸配置採CO-CO（前後各一軸、每軸三組動輪）配置，車身全長19.35公尺、寬2.79公尺、高3.89公尺，車重125噸，最高時速可達129公里。本級機關車在2004年3月31日大部分已退出營運，至2011年有5輛被保存，分別是編號56006、56097、56098、56301、56302。

· 位於加勒比海的聖文森附屬島嶼的聯合島（UNION ISLAND-GRENADINES OF ST. VINCENT）在1986年1月31日發行一組世界領先者（LEADERS OF WORLD）機關車專題郵票，其中面值30分的圖案主題是1976年英國鐵道的「56級」（BR CLASS 56）柴油機關車，分成上下各一枚相連，上一枚是的左側及正面圖，下一枚是「56級」牽引貨運列車正在行進。

6. 英國的「都市間」（Inter City）高速列車

1960年代初期，英國運輸委員會希望更新英國鐵路網，尤其是提高各大都市間的行車速度，所以需要完成更有效率的高速鐵路。當時英國的各殖民地紛紛獨立，英國逐漸喪失來自各殖民地的資源，財政因而日益艱困，英國政府無力投資新建的高速鐵路。英國鐵路當局只好自籌有限的經費，從事研發成本較低的高速柴油機關車、進行替換耐高速和高壓的鐵軌以及改善彎曲路線（以便列車快速行進）。

註：Inter City在中國大陸譯為「城際列車」。

都市間列車和一般列車之最大的區別在於：

1.運輸距離較長（距離通常會超過200公里）。

2.停靠站數較少。

3.營運速度較快。

4.列車內裝置較為舒適豪華，跨夜運行的列車甚至會聯結寢台（臥舖）車。

新式高速列車的原型列車稱為252級，包含7節客車和兩輛柴油電動機關車在1972年8月完成，當年秋天在主幹線進行測試。1973年6月12日，43級柴油電力傳動機關車編號43000與43001牽引252級列車創下柴油機關車牽引列車的新世界紀錄-時速高達143.2英里（230.5公里）。43級第一輛量產柴油機關車編號43002在1975年送交營運，整組列車的兩端配置一輛43級柴油機關車、中間則配置三型（MARK 3）客車組，客車組有7節和8節兩種編組，7節編組包含4節標準等級（STANDARD CLASS）車廂、1節餐車（BUFFET）和2節一等（FIRST CLASS）車廂，8節編組包含5節標準等級（STANDARD CLASS）車

廂、1節餐車（BUFFET）和2節一等（FIRST CLASS）車廂。1976年10月高速列車在西部地區營運的最高時速已穩定地達到時速125英里（201公里），因此英國鐵路當局正式將高速列車定名為「INTER-CITY 125」（都市間的125英里），在動力機關車身漆上「INTER-CITY 125」。

1975年至1977年，共生產了27組253級（CLASS 253兩輛43級柴油機關車聯結7節客車編組，共8節車）編號253001～253027，全部在西部地區的路線上營運。

1978年至1979年，又生產了13組253級編號253028～253040，也在西部地區的路線上營運。

1981年至1982年，生產了18組253級編號253041～253058，在「越過鄉野CROSS COUNTRY」的路線（英格蘭的西南至東北，但不經過倫敦）上營運。

1977年至1979年，共生產了32組254級（CLASS 254兩輛43級柴油機關車聯結8節客車編組，共9節車）編號254001～254032，全部在東部地區（EASTERN REGION）的路線上營運。

1982年生產了4組254級編號254033～254037，在蘇格蘭地區（SCOTTISH REGION）的路線上營運。

「高速列車125」曾在1987年11月1日創下時速148英里（238公里）-最快速柴油動力列車的世界紀錄。

· 英國在1975年8月13日發行一組英國第一條公用鐵道（Public Railway）通車150周年紀念郵票，其中面值12 P便士的圖案主題是1975年英國鐵道啓用都市間的高速列車（British Rail Inter-City Service HST即 High-Speed Train之簡稱）。

「都市間時速125英里」高速列車

・剛果人民共和國（REPUBLIQUE POPULAIRE DU CONGO）在1982年3月2日發行
一組史提芬生（G. STEPHENSON，1781～1848）紀念郵票，其中面值100法郎的
圖案主題是「都市間時速125英里」（Inter-City 125）高速列車，襯底是史提芬生設
計製造的蒸汽機關車、右上是史提芬生的頭像。

・剛果民主共和國（REPUBLIQUE DÉMOCRATIQUE DU CONGO）在2001年1月
15日發行一組世界著名機關車和列車專題郵票，其中面值5FC的圖案主題是英國
鐵道（法文FER BRITANNIQUES）的「都市間時速125英里」高速列車。

1980年高速列車High Speed Train（H.S.T. 125）253級（Class 253）

· 位於加勒比海的聖文森附屬島嶼（GRENADINES OF ST. VINCENT）在1984年3月15日發行一組世界領先者（LEADERS OF THE WORLD）機關車專題郵票，其中面值10分的圖案主題是1980年的253級高速列車，分成上下各一枚相連，上一枚是的左側及正面圖，下一枚是253級高速列車正接近車站的月台。

43級柴油機關車牽引的高速列車

· 賴比瑞亞（Liberia）在2003年發行一組世界著名機關車和列車專題郵票，其中面值25元的圖案主題是英國43級柴油機關車牽引的高速列車（CLASS 43 HST BRITAIN）。43級電力機關車在1975年至1982年間由英國鐵道機械公司的克魯工廠製造，共生產197輛，編號43002～43198。車軸配置採Bo-Bo（前後各一軸、每軸2組動輪）配置，車身全長17.79公尺、寬2.74公尺，車重70.25噸，最高時速可達238公里。

· 東中部地方列車（East Midlands Trains）客運公司的「43級43055號」柴油電力傳動高速列車停在倫敦的聖盤克拉斯（St. Pancras）車站月台旁的路線上。（照片是林恆立老師在2012年2月15日拍攝。）

7. 1981年「先進式旅客列車」（Advanced Passenger Train）370級（Class 370）

1970年代初期，英國國有鐵道（BRITISH RAILWAYS，後來改稱BRITISH RAIL，簡稱BR）受到日本新幹線和法國TGV高速列車營運成功的影響，積極研發鐘擺式的高速列車，稱為「先進式旅客列車」。

1972年第一階段發展燃氣渦輪（GAS TURBINE）推進式的APT-E（E表示EXPERIMENTAL實驗性之意），列車由4輛車編成，兩端是動力車、中間兩輛伴隨客車，測試到1976年。當初選用燃氣渦輪式，主要是比柴油動力機關車輕，但是後來製造廠雷蘭LEYLAND不再繼續生產和研發，所以在第二階段只好改採架線式供電的電力機關車。1978年進入第二階段，採用交流電25000V的電力機關車稱為APT-P（P表示PROTOTYPE原型之意）370級，由英國鐵道機械公司（BRITISH RAIL ENGINEERING LIMITED，簡稱BREL）承造，共造了三列組（TRAINSETS），每一列組由14輛車編成，其中由兩個基本組連結而成，每個基本組則由性能不同的7輛車編成。編號和車輛名稱如下。

基本組有6組，編號370001～370006（加上一輛備用驅動車編為370007號）。

編號48101～48107：二等（乘客席位）操控運轉聯結車DRIVING TRAILER SECOND。

編號48201～48206：二等（乘客席位）聯結車TRAILER SECOND。

編號48401～48406：二等聯結餐車TRAILER RESTAURANT
SECOND BUFFET。

編號48301～48306：不分等（乘客席位）聯結車TRAILER
UNCLASSIFIED。

編號48501～48506：一等（乘客席位）聯結車TRAILER FIRST。

編號48601～48606：一等（乘客席位）附制動器聯結車TRAILER
BRAKE FIRST。

編號49001～49006：非操控運轉的動力車 NON-DRIVING MOTOR
（車頂附集電弓裝置）、此款車內無乘客席位裝置及通道。

370級列車曾在1979年12月20日創下時速162.2英里（261公里）的英
國鐵路最快速紀錄，以後保持了23年。1981年12月7日在西海岸主幹
線（WEST COAST MAIN LINE）從格拉斯哥中央車站（GLASGOW
CENTRAL）到倫敦由斯屯車站（LONDON EUSTON）做第一次公
開試驗運轉，運轉最高時速可達125英里（201公里），大體上算是
成功。但是以後的試驗運轉，陸續發生搖擺裝置上的嚴重問題，後來
在嚴寒氣候時出現剎車系統凍結現象，雖然經過技術人員的一再努力
而有改善，但是整體成效並不如預期。英國執政當局基於財務考量
不願再投入資金進行後續的APT-S（SQUADRON SERVICE團隊營運
型）研發。

「實驗型的先進式旅客列車組」現歸國家鐵道博物館（National Railway Museum）所有，在德拉姆郡（County Durham）位於矽頓（Shildon）的動力博物館（Locomotion museum）展示。

在1986年之後各車組的車輛大都被陸續解體，其中幸運的7輛車被保存起來。

編號49006的非操控的動力車（Non-Driving Motor Car）被安置於巴金屯的電力鐵道博物館（Electric Railway Museum, Baginton）。

編號48103：二等（乘客席位）操控運轉聯結車Driving Trailer Second。

編號48404：二等聯結餐車Trailer Restaurant Second Buffet。

編號48603：一等（乘客席位）附制動器聯結車Trailer Brake First。

編號49002：非操控運轉的動力車Non-Driving Motor。

編號48602：一等（乘客席位）附制動器聯結車Trailer Brake First。

編號48106：二等（乘客席位）操控運轉聯結車Driving Trailer Second。

以上6輛被編成一列車組，安置於緊鄰克魯車站的克魯文化遺產中心（Crewe Heritage Centre）。

· 剛果人民共和國（REPUBLIQUE POPULAIRE DU CONGO）在1982年3月2日發行一組史提
芬生（G. STEPHENSON，1781～1848）紀念郵票，其中面值200法郎的圖案主題是「實驗
型的先進式旅客列車」（APT-E），襯底是1869年啓用世界第一款齒輪軌道式（rack）的登
山用蒸汽機關車、右上是史提芬生的頭像。

註：世界第一條登山鐵道於1868年興建，1869年完工，位於美國東北部新罕布夏州（New
Hampshire）的華盛頓山（Mount Washington），是世界上第二陡的登山鐵道，平均坡度
25%，最大坡度37.41%，軌距1422公厘，鐵道長4.8公里，山頂海拔1917公尺。上坡時速
4.5公里，全程需65分鐘，下坡時速7.4公里，全程需40分鐘。本登山鐵道至今仍在營運，
2008年起改用柴油機關車。

· 加彭共和國（République Gabonaise）在2000年12月10日發行一款列車（TRAINS）專題小
全張，面值1500法郎，圖案主題是英國的鐵道網：「實驗型的先進式旅客列車」（Réseau
Anglais：Train Passager "The Advanced"）。

· 位於南太平洋的吐瓦魯（TUVALU）在1984年6月17日發行一組世界領先者（LEADERS OF
 THE WORLD）機關車專題郵票，其中面值20分的圖案主題是1981年的370級先進式旅客列
 車，分成上下各一枚相連，上一枚是的右側及正面圖，下一枚是正在快速前進的370級先進式
 旅客列車。

· 賴比瑞亞（Liberia）發行一款世界列車（TRAINS OF THE WORLD）專題小全張，面值100
 元圖案主題是1981年的370級先進式旅客列車（Class 370 APT-P，郵票上誤印為ATP-P）。

8. 「都市間時速225公里」（Inter City 225）高速列車

先進式旅客列車經過十多年的運轉並不順利，英國鐵道當局只得中止而另行研發「都市間時速225公里」（INTER CITY 225）高速列車。由91級電力機關車牽引9節四型客車（NINE MARK 4 COACHES）和一輛操控運轉聯結車（DRIVING VAN TRAILER聯在列車尾端，當列車到達目的地，不需將機關車解聯後再調頭重新連結列車，司機可以直接進入該車內操控整列車前進，但無乘客席位裝置）。

91級電力機關車在1988年至1991年間由英國鐵道機械公司的克魯工廠製造，共生產31輛，編號91001～91031，後來改為91101～91122、91124～91132。車軸配置採BO-BO（前後各一軸、每軸2組動輪）配置，車身全長19.4公尺，車重81.5噸，出力6480馬力，最高時速可達225公里。

四型客車在1989年至1992年間由位於伯明罕的坎梅爾都會／阿爾斯托姆公司（METRO-CAMMELL ／ GEC-ALSTHOM）的「洗木・石南樹叢」（WASHWOOD HEATH）工廠製造，車身長23公尺、寬2.73公尺、高3.79公尺，共造了314輛，至今尚有302輛仍在營運。

「都市間時速225公里」高速列車自1990年起在東海岸主幹線（EAST COAST MAIN LINE）上營運，主要是從倫敦的國王十字車站到愛丁堡的衛弗雷車站（LONDON KING'S CROSS TO EDINBURGH WAVERLEY）、途經新堡車站（NEWCASTLE RAILWAY STATION）。

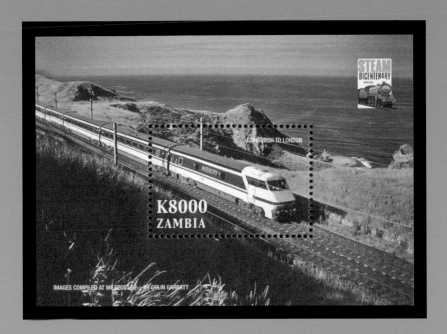

・位於非洲南部內陸的尚比亞（ZAMBIA）在2005年8月22日發行一款蒸汽機關車發明兩百周年（STEAM BICENTENARY 1804-2004）紀念小全張，面值K 8000，圖案右上印「蒸汽機關車發明兩百周年」紀念標誌，主題是「INTERCITY都市間時速225公里」高速列車自愛丁堡前往倫敦途中經東海岸，圖中的列車最前端一節就是操控運轉聯結車（Driving Van Trailer，簡稱DVT）。

9. 「220級旅行者」（Class 220 Voyager）柴油電動高速列車組

由龐巴迪運輸公司（BOMBARDIER TRANSPORTATION）在2000年至2001年間製造的柴油電動高速多節（DIESEL-ELECTRIC HIGH-SPEED MULTIPLE-UNIT）列車，採取動力分散式、每輛車出力750馬力，相對於動力集中式的鐵路車輛，擁有較佳的加減速性能，重量分佈較平均，對路軌損耗亦較低。每組列車由4輛編成，共生產了34組，至今全部都在運轉中，最高時速200公里。

每組中有26位一等（FIRST CLASS）乘客席、174位二等（STANDARD CLASS）乘客席。

列車的4輛車分別稱為「A, C, D, F車廂」（COACH A, C, D, F）。

「A車廂」有26位一等乘客席（每排座席採一側兩位、另一側一位）、殘障區和司機操控室。

「C車廂」有66位二等乘客席（每排座席採一側兩位、另一側兩位）。

「D車廂」有66位二等乘客席以及行旅、三輛腳踏車放置區（位置太小僅能放少數行旅，因而受到批評）。

「F車廂」有42位二等乘客席、殘障區和司機操控室。

10. 「221級超級旅行者」（Class 221 Super Voyager）鐘擺式柴油電動高速列車組

外形大致上和220級「旅行者」相似，主要差異是採鐘擺式、最大角度為6度，從而可獲得較快的轉彎速度。也是由龐巴迪運輸公司（BOMBARDIER TRANSPORTATION）在2001年至2002年間製造的柴油電動高速多節（DIESEL-ELECTRIC HIGH-SPEED MULTIPLE-UNIT）列車，採取動力分散式、每輛車出力750馬力。每組列車由4輛或5輛編成，共生產了44組，編號為211101至200144，前40組採5輛編成、其餘4組採4輛編成，有43組在運轉中，最高時速200公里。附司機操控室的兩端車長23.85公尺、其餘車長22.82公尺，車寬2.73公尺。

現今有維貞列車（VIRGIN TRAINS）和越過鄉野（CROSS COUNTRY）鐵道公司使用。

維貞列車使用20組採用5輛編成，編號221101～221118及221142～21143，但分成兩種。列車編號221144被維貞列車作為訓練用車輛。

一種是26位一等（FIRST CLASS）乘客席、236位標準級（STANDARD CLASS）乘客席。

另一種是84位一等（FIRST CLASS）乘客席、178位標準級（STANDARD CLASS）乘客席。

越過鄉野使用23組採用兩種編成。

5輛編成有22組編號221119 - 221140：26位一等乘客席、252位標準級乘客席。

4輛編成有1組編號221141：26位一等乘客席、182位標準級乘客席。

・位於加勒比海的格雷那達的加里阿古和小馬提尼克（GRENADA CARRIACOU & PETITE MARTINIQUE）在2004年7月19日發行一款蒸汽機關車發明兩百周年（STEAM BICENTENARY 1804～2004）紀念小全張，面值6元，圖案右下印「蒸汽機關車發明兩百周年」紀念標誌、主題是英國維貞列車公司的220級/221級高速列車自阿伯丁前往片讓斯（ABERDEEN TO PENZANCE）途中經過「皇家阿爾伯特橋」。

註：「皇家阿伯特橋」（Royal Albert Bridge）跨越英國西南部的「塔馬爾」河（Tamar），位於「普利茅斯」（Plymouth）和「鹽灰」（Saltash）之間，經過橋上的鐵道是「科尼許幹線」（Cornish Main Line），該線由「普利茅斯」通往「片讓斯」（Penzance，英國最西端的鐵路車站）。該橋是英國著名的鐵道工程師「布魯內爾」（Isambard Kingdom Brunel 1806年4月9日生於普利茅斯、1859年9月15日於倫敦去世）為「科恩瓦鐵道公司」（Cornwall Railway Company）所設計的上拱橋樑，整座橋包含兩段主要的上拱橋，上拱橋墩間跨幅（span）分別是455英尺（138.7公尺）、100英尺（30.5公尺），以及17個較短的橋墩間跨幅，橋長666.8公尺、寬5.13 公尺、距河面高52.4公尺。1854年5月動工，1859年5月2日由當時英國的阿爾伯特親王主持開通典禮，以親王之封號命名為「皇家・阿爾伯特橋」，5月4日正式通行列車。

· 英國維貞列車公司的「221級超級旅行者」高速列車停在倫敦的國王十字（King Cross）車站月台旁的路線上。（照片是林恆立老師在2012年2月14日拍攝。）

11. 「390級鐘擺式」（Class 390 Pendolino）電力轉動高速列車組

維貞列車（VIRGIN TRAINS）公司於1997年取得西海岸InterCity都市間高速列車的專營權，便決定訂購新列車，以取代舊款列車。

390級是供英國維貞列車公司使用的電力轉動車組，使用了飛雅特（FIAT）的鐘擺式列車系統，最大傾斜角為8度。共造了53組列車，每組由9節車廂編組而成，於2001年至2004年間，由阿爾斯托姆（ALSTOM）建造，也是最後一批在伯明罕市「洗木‧石南樹叢」（WASHWOOD HEATH）工廠建造的車輛。列車全數行走於西海岸主幹線。

本級列車於2002年7月23日起開始營運，當天適逢為在曼徹斯特（MANCHESTER）舉行2002年大英國協運動會（COMMONWEALTH GAMES）的開幕日，維貞列車公司安排本級列車來往於倫敦的尤斯屯（EUSTON）至曼徹斯特的皮卡第里（PICCADILLY）的路線，並在往後幾個月取得至曼徹斯特的路線專營權。接著維貞列車公司就在倫敦來往利物浦的萊姆街（LIVERPOOL LIME STREET）、伯明罕的新街（BIRMINGHAM NEW STREET）、伍爾弗漢普屯（WOLVERHAMPTON）及普雷斯屯（PRESTON）的路線引進390390級列車，取代近40年車齡的86級電力機關車。最後一輛86級電力機關車在2003年正式退出營運。

390級列車是全英國最快速的電力動車組之一，設計及營運最高時速為225及200公里，僅次於373級「歐洲之星」。在2006年9月，390級列車創下了從格拉斯哥前往倫敦‧尤斯屯車站的最短時間紀錄，全程646公里只需僅3小時55分，打破了1981年的4小時14分舊紀錄。

本級列車編號為390001～390053，在服役初期，每組列車
由8節車廂組成，至2004年才增至現時的9節。第1及第9節
車廂有司機操控室；第3及第7節車頂裝設集電弓。列車組的
兩端車長25.1公尺，中間車長23.9公尺，車寬2.73公尺，車
高3.56公尺。為了增加載客量，在2009年至2012年之間追
加製造4組由11節車編成的列車，以及62輛中間車，才能編
成31組由11節車編成的列車，第一組11節車編成的列車在
2012年4月5日進入正式營運。

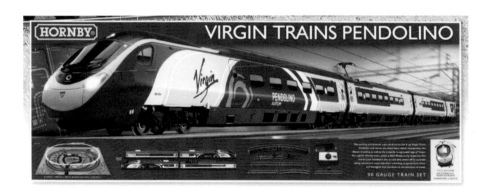

· 英國著名的「宏比」（HORNBY專門生產英國的1：87比例之HO規格鐵道車輛模型）
品牌所推出的「VIRGIN TRAINS PENDOLINO維貞列車鐘擺式」套裝組，內含兩端車2
輛及中間車2輛。

9節式的編成如下：

編號	形式
69101-69153 DMRF	操控動力車附開放式一等座位（18位）和廚房
69401-69453 MF	中間動力車設開放式一等座位（39位）和殘障位區
69501-69553 PTF	集電弓中間托車（TRAILER）設開放式一等座位（44位）
69601-69653 MF	中間動力車設開放式一等座位（46位）
68801-68853 TS	中間托車設開放式標準級座位（76位）
69701-69753 MS	中間動力車設開放式標準級座位（66位）和殘障位區
69801-69853 PTSRMB	集電弓中間托車設開放式標準級座位（48位）附餐飲店
69901-69953 MS	中間動力車設開放式標準級座位（64位）和殘障位區
69201-69253 DMSO	操控動力車附開放式標準級座位（46位）和腳踏車放置區

現今編組營運狀態：將9節編成列車稱為390/0級，將11節編成列車稱為390/1級。390/0級在2001-2004年間製造的有22組，編號390001，390002，390005，390006，390008～390011，390013，390016，390020，390023，390039～390040，390042～390047，390049～390050。

註：編號390033列車在2007年2月23日20時15分行近「格雷里格」（Grayrigg）村時，因出軌翻覆而受損，造成1名乘客死亡、30名重傷、58名輕傷，在當年11月30日除籍，整修後改為訓練用。

390/1級在2001-2004年間製造的有31組，編號390103，390104，390107，390112，390114，390115，390117～390119，390121～390132，390134～390138，390141，390148，390151～390153。

註：上述31組原為9節編成在2012年改為11節編成。

390/1級在2009至2012年間製造的有4組：編號390154～390157。

·維貞列車公司的「390級鐘擺式」電力轉動高速列車組停在曼徹斯特的皮卡
第里（Piccadilly）車站月台旁的路線上。（照片是林恆立老師於2012年2月
13日拍攝。）

Virgin West Coast Class 390

Sautheastern's
High-Speed Trains
(angleterre)

REPUBLIQUE DE GUINEE

25000 F.G.
POSTES 2006

TRAIN A GRANDE VITESSE (ALARIS)

・位於西非的幾內亞共和國（REPUBLIQUE DE GUINEE）在2006年發行一款豪華版（De Luxe）小
全張，內含一枚面值25,000 FG幾內亞法郎，圖案主題是西班牙的高速列車「阿拉里斯」號（TRAIN
A GRANDE VITESSE (ALARIS)），右側是西班牙首都馬德里的著名地標「大地女神廣場」（Plaza
de Cibeles）。小全張圖案的左上是葡萄牙最新式的高速列車「最初鐘擺」號（Alfa Pendular），
其右側是葡萄牙首都里斯本的著名地標「商業廣場」（Praça do Comércio）上的拱門和國王何西一
世（José I）騎馬雕像。小全張圖案的中上是英國維貞列車公司在西海岸幹線營運的390級高速列車
（Virgin West Coast Class 390），右上是倫敦的著名地標「特拉法加廣場」（Trafalgar Square）
的納爾遜紀念柱（Nelson's Column）。小全張圖案的左下是英國東南鐵道公司的395級高速列車
「Southeastern's High-Speed Trains（法文Angleterre即England英格蘭之意）」（註：South被誤印
成Sauth），中下是倫敦的聖保羅大教堂（St Paul's Cathedral）附近的夜景。

12.「395級」（Class 395）電力轉動高速列車組

395級是英國東南部鐵道公司（SOUTHEASTERN）所使用的一款電聯車，主要作為倫敦至英法隧道英國端出口之間的高速一號（HIGH SPEED 1，簡稱HS1，正式名稱為「海峽隧道連結鐵路」，CHANNEL TUNNEL RAIL LINK, CTRL）高速鐵路線的營運車輛，以及來往2012年夏季奧運會場的「奧運標槍」（OLYMPIC JAVELIN）接駁路線。

本級電聯車由日本日立製作所負責製造，使用日立A-TRAIN技術，裝配新幹線的動力轉向架，搭載TGV的號誌系統TVM430，首批列車車廂於2007年8月23日由日本運抵英國，其中首四組列車在8月交予SERCO集團進行測試，其餘列車在2008年至2009年陸續運抵。東南部鐵道公司於2009年6月19日起將395級提供高速鐵路服務，列車最高時速為140英里（225公里）。車輛維護工作由肯特ASHFORD及RAMSGATE兩個車廠負責，擁有者為EVERSHOLT鐵路集團（前匯豐銀行鐵路），以租賃方式供東南部鐵道公司使用。共造了29組，編號395001～395029，每組由6輛車編成，列車總長121.3公尺，車寬2.81公尺，車高3.817公尺，每組載客340位。●

· 「395級」電力轉動高速列車組停在倫敦的聖盤克拉斯（St. Pancras）車站
　月台旁的路線上。（照片是林恆立老師於2012年2月11日拍攝。）

· 英國著名的「宏比」（HORNBY專門生產英國的1：87比例之HO規格鐵道車輛模型）品牌所
推出的「395級」電力轉動高速列車組。

王華南郵世界 03　PE0054

要有光
FIAT LUX

集郵達人來開課
──從郵票認識英國鐵路機關車

作　　者	王華南
責任編輯	林泰宏
圖文排版	秦禎翊
封面設計	秦禎翊

出版策劃	要有光
製作發行	秀威資訊科技股份有限公司
	114 台北市內湖區瑞光路76巷65號1樓
	電話：+886-2-2796-3638　傳真：+886-2-2796-1377
	服務信箱：service@showwe.com.tw
	http://www.showwe.com.tw
郵政劃撥	19563868　戶名：秀威資訊科技股份有限公司
展售門市	國家書店【松江門市】
	104 台北市中山區松江路209號1樓
	電話：+886-2-2518-0207　傳真：+886-2-2518-0778
網路訂購	秀威網路書店：http://www.bodbooks.com.tw
	國家網路書店：http://www.govbooks.com.tw
法律顧問	毛國樑　律師
總 經 銷	易可數位行銷股份有限公司
	地址：新北市新店區寶橋路235巷6弄3號5樓
	電話：+886-2-8911-0825　傳真：+886-2-8911-0801
	e-mail：book-info@ecorebooks.com
	易可部落格：http://ecorebooks.pixnet.net/blog

出版日期	2014年1月　BOD一版
定　　價	400元

版權所有‧翻印必究（本書如有缺頁、破損或裝訂錯誤，請寄回更換）
Copyright © 2014 by Showwe Information Co., Ltd.
All Rights Reserved

Printed in Taiwan

國家圖書館出版品預行編目

集郵達人來開課：從郵票認識英國鐵路機關車 / 王華
南著. -- 一版. -- 臺北市：要有光, 2014. 1
　　面；　公分. -- (王華南郵世界 ； 3)
　BOD版
　ISBN 978-986-99057-1-8 (平裝)

1.郵票

557.647　　　　　　　　　　　　　102021481

讀 者 回 函 卡

感謝您購買本書，為提升服務品質，請填妥以下資料，將讀者回函卡直接寄
回或傳真本公司，收到您的寶貴意見後，我們會收藏記錄及檢討，謝謝！
如您需要了解本公司最新出版書目、購書優惠或企劃活動，歡迎您上網查詢
或下載相關資料：http:// www.showwe.com.tw

您購買的書名：＿＿＿＿＿＿＿＿＿＿＿＿＿＿＿＿＿＿＿＿＿

出生日期：＿＿＿＿＿年＿＿＿＿＿月＿＿＿＿＿日

學歷：□高中 (含) 以下　　□大專　　□研究所 (含) 以上

職業：□製造業　□金融業　□資訊業　□軍警　□傳播業　□自由業
　　　□服務業　□公務員　□教職　　□學生　□家管　　□其它＿＿＿

購書地點：□網路書店　□實體書店　□書展　□郵購　□贈閱　□其他

您從何得知本書的消息？

　□網路書店　□實體書店　□網路搜尋　□電子報　□書訊　□雜誌

　□傳播媒體　□親友推薦　□網站推薦　□部落格　□其他＿＿＿＿＿＿

您對本書的評價：(請填代號　1.非常滿意　2.滿意　3.尚可　4.再改進)

　封面設計＿＿＿　版面編排＿＿＿　內容＿＿＿　文／譯筆＿＿＿　價格＿＿＿

讀完書後您覺得：

　□很有收穫　□有收穫　□收穫不多　□沒收穫

對我們的建議：＿＿＿＿＿＿＿＿＿＿＿＿＿＿＿＿＿＿＿＿＿

＿＿＿＿＿＿＿＿＿＿＿＿＿＿＿＿＿＿＿＿＿＿＿＿＿＿＿＿＿

＿＿＿＿＿＿＿＿＿＿＿＿＿＿＿＿＿＿＿＿＿＿＿＿＿＿＿＿＿

＿＿＿＿＿＿＿＿＿＿＿＿＿＿＿＿＿＿＿＿＿＿＿＿＿＿＿＿＿

11466
台北市內湖區瑞光路 76 巷 65 號 1 樓

秀威資訊科技股份有限公司　　　收

BOD 數位出版事業部

....

（請沿線對折寄回，謝謝！）

姓　　名：＿＿＿＿＿＿＿＿＿　年齡：＿＿＿＿　性別：□女　□男

郵遞區號：□□□□□

地　　址：＿＿＿＿＿＿＿＿＿＿＿＿＿＿＿＿＿＿＿＿＿＿

聯絡電話：(日) ＿＿＿＿＿＿＿＿＿　(夜) ＿＿＿＿＿＿＿＿＿

E - m a i l：＿＿＿＿＿＿＿＿＿＿＿＿＿＿＿＿＿＿＿＿